청소년을 위한 세계관 에세이

청소년을 위한

세계관

어세이

강영계 지음
건국대 철학과 명예교수

철학자 강영계 교수가
청소년을 위해
쉽게 풀어쓴
세계관 정립에 관한 모든 것

해냄

사람의 일생은 시기별로 아동기, 청소년기, 성년기, 노년기 등으로 나누어 말할 수 있을 것이다. 사람의 삶 자체가 소중하듯 아동기, 청소년기, 성년기, 노년기 등 각 시기에도 나름 고귀한 가치가 있다.

"아동기야말로 한 인간의 틀이 잡히는 시기니까 어른들은 마치 식물이 싹을 돌보듯 아이들에게 관심을 기울이면서 사랑을 베풀어야 해."

"성년기야말로 인생에서 가장 중요한 시기야. 성인이 되면 확실한 인생과 세계관을 가지고 사회에서 맡은 자신의 역할을 충실히 수행해야만 한 인간으로서 보람을 만끽할 수 있어."

"나는 노년기야말로 인간의 삶에서 가장 중요하다고 생각해. 한 인간의 삶을 정리하면서 마감해야 할 시기가 바로 노년기야. 노년기는 마치 과일나무가 열매를 맺는 시기와도 같아. 한 인간이 얼마나 의미 있고 가치 있게 살아왔는지를 결정하는 것은 바로 노년기의 삶이야."

또한 인간의 삶에서 청소년기 역시 매우 의미 있고 중요한 시기다.

"청소년기는 어른, 곧 성인이 되기 위한 준비 기간이야. 청소년기에 어느 정도 인생관이나 세계관의 윤곽이 잡히지 않으면 어른이 되어서 방황할 수밖에 없어."

"맞아. 청소년기는 식물의 줄기와 가지 그리고 잎에 해당해. 아무리 아동기의 뿌리가 튼튼했다고 해도 청소년기에 접어들어서 줄기와 가지와 잎이 건강하지 못하면 성년기의 꽃이 제대로 피기 힘들어."

"청춘은 아름답다고들 외치지. 물론 청춘은 아름답지만 고통스럽기도 해. 또한 환희에 차 있기도 하고 기쁨으로 가득하기도 해. 청소년기는 무한한 가능성의 시기야. 그렇기 때문에 청소년기에 인생관과 세계관의 틀을 견고하게 다져야 하는 거야."

인간이면 누구나 일생을 살아가면서 자기 나름대로의 인생관과 세계관이 있다.

"고등학생인 네 인생관은 어떤 것인지 말해 볼래?"
"인생관이 무엇을 뜻하는지 확실히는 모르겠는데 내 인생관은 타인에게 해를 끼치지 않고 선하게 사는 거야."

"그게 전부야?"

"물론 또 있지. 매일매일 최선을 다하고 성실하게 사는 것 또한 내 인생관이고 예술을 사랑하고 자연을 가까이하며 진지하게 신앙생활을 해나가는 것도 있어."

인생관이란 한 사람이 삶(인생)을 바라보는 입장이나 관점이다. 그렇다면 세계관은 무엇인가? 세계관은 말 그대로 세계를 바라보는 입장이나 관점이다. 인생관과 세계관은 서로 뗄 수 없는 관계다. 어떤 사람이 특정한 인생관을 가지고 있다면 그 사람의 세계관 역시 그 인생관과 크게 다르지 않다. 반대로 어떤 사람이 특정한 세계관을 가지고 있다면 그의 인생관은 세계관의 영향에서 벗어날 수 없다. 긍정적인 인생관과 세계관, 다시 말해서 건강하고 창조적인 인생관과 세계관을 가진 청소년들이 열린 사회를 이끌어갈 수 있는 성인으로 성장할 수 있다는 것은 너무나도 분명한 사실이다.

세계관은 크게 두 가지로 나누어볼 수 있다. 하나는 식물의 세계, 동물의 세계, 예술의 세계, 종교의 세계 등 좁은 의미의 세계관이 있다. 또 다른 하나는 이들 좁은 세계들을 모두 합친 총체적인 세계에 관한 관점이 있다. 청소년들이 윤곽을 잡고 점점 견고하게 키워나가야 할 세계관은 좁은 의미의 세계관과 넓은 의미의 세계관 두 가지 모두다. 어떤 사태의 일부분과 전체 두 가지를 모두 살피고 생각할 때 우리는 문제를 합리적으로 해결할 수 있다. 만일 청소년들이 합리적이고 조화로운 세계관의 기초를 닦고 키워나갈 수 있다면, 앞으로 그들이 성인이 되었을 때 우리 사회에 존재하는 수많은 모순과 갈등도 자연스럽게 해결될 것이다. 그뿐만 아니라 청소년들이 더 합리적이며 통일된 세계관을 가진다면 그들의 삶도 큰 난관 없이 건전하게 개척해 나갈 수 있을 것이다.

이 책이 나올 때까지 언제나 청소년들에게 큰 관심을 가지고 청소년들의 읽을거리를 다듬는 데 정성을 아끼지 않는 해냄출판사 송영석 대표에게 감사드리며 편집진 여러분들에게도 고마움을 전한다.

2021년 가을
강영계

머리말　　—5

1장 세계를 어떻게 바라봐야 할까

1. 세상 속 나의 모습은?　　—15

2. 세계관이 왜 중요할까　　—19

3. 전통 사회의 세계관은 어땠을까　　—24

4. 종교는 세계관에 어떤 영향을 끼칠까　　—28

5. 현대 사회의 세계관이 혼란스러운 이유는?　　—33

6. 미래지향적 세계관은 왜 중요할까　　—38

• 생각해 볼 문제 •　　—43

2장 개인은 세계에서 어떻게 존재할까

1. 우리는 과연 도덕적 사회에서 살고 있을까 —47

2. 비도덕적 세계란 무엇일까 —51

3. 세계는 어떻게 움직이고 있을까 —56

4. 왜 세계인의 안목을 갖춰야 할까 —60

5. 이웃 간의 사랑과 협동이 필요한 이유는? —65

6. 가치판단은 세계를 어떻게 변화시킬까 —69

• 생각해 볼 문제 • —74

3장 우리는 왜 자아실현을 할까

1. 나는 누구인가 —77

2. 자아란 무엇일까 —82

3. 청소년들은 사회를 어떤 눈으로 바라봐야 할까 —88

4. 어떻게 자아실현을 해야 할까 —94

5. 십 대들에게 비판 정신이 필요한 이유는? —98

6. 주체성을 길러야 하는 이유 —104

• 생각해 볼 문제 • —110

4장 세계는 평평할까

1. 집안 vs 집안   —113

2. 사람을 계급으로 나눈다고?   —117

3. 가진 자와 가지지 못한 자   —122

4. 직업에 귀천이 있다고?   —127

5. 자유와 평등은 어떻게 실현될까   —132

6. 직업에도 휴머니즘이 필요하다   —137

• 생각해 볼 문제 •   —142

5장 행복한 삶이란?

1. 나 혼자 누리는 쾌락이 행복일까   —145

2. 감정과 정서는 어떻게 다를까   —154

3. 최대다수의 최대행복   —158

4. 젊을 때 고생은 돈 주고도 못 산다?   —163

5. 행복에 대한 철학자들의 논쟁   —168

6. 개인의 행복과 사회의 행복   —173

• 생각해 볼 문제 •   —179

6장 정의로운 사회와 행복

1. 정의의 다양한 얼굴들   —183
2. 자유와 권리와 의무는 어떤 관계가 있을까   —188
3. 절차민주주의와 사회 정의   —194
4. 왜 우리에게는 정의 개념이 부족할까   —199
5. 자유민주주의와 공정함   —204
6. 배움과 교육, 민주주의의 필수 조건   —210
• 생각해 볼 문제 •   —215

7장 삶과 죽음을 어떻게 바라보아야 할까

1. 생명의 고귀함을 알아야 하는 이유   —219
2. 인생의 발달 단계는 어떻게 나뉠까   —225
3. 생명의 윤리적 가치는 어디까지 허용되는가   —231
4. 육체적 건강과 정신적 건강   —236
5. 삶과 죽음은 하나다   —241
• 생각해 볼 문제 •   —247

1장

세계를

어떻게

바라봐야 할까

1

세상 속
나의 모습은?

    사춘기 전후부터 스무 살 이전까지의 남녀를 일반적으로 청소년이라고 일컫는다. 어린아이들은 바깥세상에만 관심을 가지는 데 비해 청소년은 인간의 내면세계에 관심을 가지면서 인생의 의미를 묻기 시작한다. 사춘기에 접어든 청소년들은 어느 날 갑자기 다가온 자신의 신체 변화에 깜짝 놀라며 당황하지 않을 수 없다.

    그런 변화에 대해 일부 사람들은 짓궂게 말하기도 한다.

    "은지 너 이제 어른 다 됐구나. 어디 듬직한 신랑감 하나 소개해 줄까?"

    "지성이 너 얼마 전까지만 해도 목소리가 쨍쨍거렸는데 왜 갑자기 걸걸거리냐? 어! 이 녀석 봐라! 수염도 거뭇거뭇 나고 어느새 어른이

다 되었네. 장가가도 되겠어."

사춘기의 청소년은 질풍노도라는 시간의 배를 타고 혼란스러운 한 때를 잘 넘겨야만 건전하고도 튼튼한 청소년기를 장식할 수 있다. 청소년들은 정신적으로는 서서히 발달하는 데 비해서 신체가 놀랄 정도로 갑작스레 변하기 때문에 그런 자신의 모습을 발견하고 몹시 당황하고 혼란에 빠질 수밖에 없다.

다음은 철이와 선생님의 대화다.

"철이야, 너도 이젠 고등학교 2학년이 되었으니 자기 자신에 대해 어느 정도 알고 있겠지? 중학교 1, 2학년 때의 너와 지금의 너 자신을 비교해 보면 어떤 것 같니?"

"선생님, 정말 초등학교 6학년부터 중학교 1, 2학년 때의 제 모습을 되돌아보니 말 그대로 철부지였어요. 일찍 철드는 아이들도 있는데 저는 철이 늦게 들었어요. 왜 그랬는지는 잘 몰라도 그때는 다른 아이들이 그렇게 부러웠어요. 좋고 멋있는 옷이나 신발 혹은 최신형 게임기나 휴대 전화 가진 아이들이 부러웠고 저보다 공부 잘하는 아이들이 부러웠어요."

"사람이란 다 비슷하단다. 누구나 자신의 지나간 어린 시절을 돌이켜보면 한편으로는 순진하고 철없던 자신을 보게 되지. 그럼 철아, 지금 세상 속에서 너는 어떤 모습으로 살아가고 있을까?"

"갑자기 그런 질문을 받으니까 어떻게 말해야 할지 모르겠어요.

음…… 일단, 저는 지금 어엿한 청년으로 사춘기는 지났다고 생각해요. 사춘기 때는 정말 천방지축이었지요. 사소한 일에 좋아 어쩔 줄 모르다가도 갑자기 슬퍼지기도 했고 또 격하게 화를 내며 날뛰기도 했고 좌절감도 많이 느꼈어요. 지금은 차근차근 앞날을 생각하면서 대학 입시 준비에 열중하고 있어요."

"그렇다면 대학 입시 준비에 몰두하고 있는 것이 지금 세상 속에서 살아가는 네 모습이라고 해도 될까?"

"그것은 일부분인 것 같아요. 한 인간에게도 여러 가지 면이 있잖아요."

"바로 그거야. 철이는 이제 한 사람의 청년이 된 자기 자신을 바라보고 생각하는 자신의 모습을 인식하고 있는 것 같구나. 그렇다면 방금 여러 가지 면이 있다고 했는데 무슨 의미인지 말해 볼 수 있겠니?"

"제가 지금 대학 입시 준비에 몰두하고 있는 것은 사실이에요. 하지만 무조건 명문대학에 붙고 보자는 식으로 준비하지는 않아요. 저는 대학에서 경영학을 전공한 후 취직해서 경력을 쌓은 다음에 회사를 경영하면서 문화 재단을 설립해 우리나라의 문화 수준을 높이는 데 평생을 바칠 생각이에요. 그래서 지금 입시 준비를 하면서도 틈틈이 그림도 그리고 문화 관련 책들도 읽고 있어요.

세계 속의 제 모습이라면……. 세계 속에서 세계를 더 깊게 그리고 넓게 바라보면서 우선 제가 속한 세계, 곧 사회를 개선할 수 있는 능력을 기르고 있는 것이 바로 제 모습이라고 할까요?"

"철이가 계속 그 생각을 가지고 끊임없이 노력한다면 분명히 네 세계관을 펼칠 수 있으리라는 느낌이 드는구나. 선생님이 철이만할 때는 그런 생각을 하지 못했단다. 선생님이 학생일 때는 사회도 혼란했고 다양한 문화도 접할 수가 없었지. 그래서인지는 몰라도 선생님은 고등학생 때 막연히 가난을 벗어나야겠다든가 중고등학교 교사가 되어서 학생들을 열심히 가르치고 사랑해야겠다는 등 소박한 인생관 밖에 가질 수 없었단다."

청소년기에는 세계 속에 자신의 모습을 점점 명백하게 새겨나가야 한다. 사회의 구성원인 각 개인들이 자유와 평등을 바탕으로 공정한 정의를 분명하게 의식해 나갈 때 비로소 열린 사회, 곧 살 만한 가치가 있는 사회가 만들어질 수 있다. 청소년들이 개방된 주체적인 세계관을 가질 때 그들의 사회 역시 역동적이며 창조적일 수 있다.

2
세계관이
왜 중요할까

얼핏 보기에 사람들은 대부분 큰 문제없이 매일 반복되는 일과를 마치며 하루하루를 바쁘게 보낸다. 아침 일찍 일어나 대강 밥을 먹고 학교에 가서 종일 씨름하다가 오후에 학원에 가고 쉬는 시간에 적당히 학원 근처에서 한 끼 때우고 밤늦게 집에 들어가 잠에 곯아떨어지는 식이다.

그런가 하면 우리는 일상에서 크고 작은 모든 일에 호기심을 가지고 꼬치꼬치 알려고 한다.

"민준이가 얼마 전에 새로 나온 스마트폰을 샀다며? 그거 비쌀 텐데…… 쓰던 스마트폰으로도 충분한데 뭐 하러 샀대?"

"민준이가 얼리어답터잖아. 그래서 샀나 봐."

"민준이네는 여유가 많잖아. 민준이 아버지가 아주 잘나가는 갈빗집 사장님인 데다 그것도 두 군데나 운영한대. 그러니 까짓 스마트폰이야 아무것도 아니지."

현대 사회를 살아가는 우리에게 있어서 삶의 매 순간은 '지나침'으로 장식되어 있다. 어른들이나 청소년들이나 대부분 진지한 내면적 삶보다는 그저 아무 의미 없이 지나쳐버리는 순간들로 하루를 보낸다.

"김 선생님, 오랜만입니다. 우리 사무실 지나실 때 바쁘지 않으시면 언제 한번 들르세요."
"예, 감사합니다. 언제 한번 점심이나 같이 하시지요."

꼭 들르라는 것도 아니고 꼭 점심을 같이 먹자는 것도 아니다. 그저 오랜만에 지나치다 만났으니 인사치례로 빈말을 내뱉는 것이다. '지나침'으로서의 일상성은 무관심으로 물들어 있다. '지나침'을 해체하고 반성할 때 우리는 인생관과 아울러 세계관을 서서히 구축할 수 있다. 인생관과 세계관은 서로 뗄 수 없는 밀접한 개념들이다.

"아빠, 인생관과 세계관의 차이는 뭐예요?"
"지은아, 그렇다면 아빠가 쉽게 대답해 주마. 인생관이란 한 사람이 갖고 있는 삶에 관한 입장이고 세계관은 세계에 관한 입장을 말한단다."
"그럼 아빠, 삶이란 무엇이고 또 세계란 무엇이에요?"

"삶은 바로 인생이고 세계는 좁은 의미의 세계와 넓은 의미의 세계로 구분되지. 세계관이라고 할 때의 세계는 넓은 의미의 세계를 말하는 거란다."

"그렇다면 좁은 의미의 세계는 어떤 것이고 또 넓은 의미의 세계는 어떤 것이에요?"

"좁은 의미의 세계는 자연 세계, 예술 세계, 종교 세계, 식물 세계, 곤충 세계, 원시인 세계⋯⋯ 이렇게 작은 사물이나 문화적 대상의 영역을 말하지. 그런가 하면 넓은 의미의 세계는 좁은 세계들의 총체란다."

"아빠 말씀대로라면 인생이나 삶에 관한 인간의 입장은 인생관이고 세계에 관한 입장은 세계관이라는 거죠? 그렇다면 세계관이 인생관을 포함한다고도 말할 수 있을까요? 그렇다면 세계관은 왜 중요한 거예요?"

"세계관은 인생관을 포함할 뿐만 아니라 인생관의 근본 즉 뿌리이기도 하지. 그리고 세계관이 얼마나 건전하고 합리적이냐에 따라서 열린 사회가 가능하단다."

"아빠, 그래도 좀 부족해요. 세계관이 무엇인지 더 쉽게 말씀해 주실 수 있으세요?"

"그건 세계에 관한 입장을 말한단다. 그러니까 세계관에는 세계의 근원을 물질로 보는 입장이 있고, 기독교나 헤겔 같은 철학자처럼 세계의 원천을 정신으로 보는 입장도 있고, 또 쇼펜하우어나 베르그송 그리고 니체처럼 세계의 근원을 생명을 가진 힘으로 보는 입장도 있단다. 이 경우의 세계관들은 각각 유물론*, 관념론 그리고 생명의 철학이라고 할 수 있지. 그러니까 세계관에 따라서 사회주의나 공산주의 그리고 민족주의 같은 사상도 생기고 서로 다른 종교도 성립하고 또 여러 가지 다양한 예술 경향도 생길 수 있단다."

유물론
물질을 만물의 근원으로 본다. 마음이나 정신현상도 물질의 작용이라고 주장한다.

"그렇다면 제대로 정리되고 합리적인 세계관을 가진 개인과 사회는 바람직한, 다시 말해서 개방되고 정의로운 인간과 사회의 모습을 창조할 수 있다는 거군요. 반대로 편파적이거나 선입견에 사로잡힌 세계관에서는 개인과 사회의 발전을 기대하기 힘든 거고요."

그렇다. 세계관은 어디까지나 한 인간의 인생관의 토대이기 때문에 질서 있고 합리적이며 잘 정리된 세계관을 갖춘 인간과 사회만이 미래지향적 인간과 사회의 모습을 창조할 수 있다. 청소년들이 입시 위주의 맹목적인 공부에서 탈피하고 철저한 자기반성을 토대로 할 때 청소년들은 비로소 정리된 세계관을 갖추기 시작할 수 있다. 만일 청소년들이 합리적인 세계관의 윤곽조차 창조하지 못한다면 청소년들뿐만 아니라 우리 사회의 미래는 암울해질 뿐이다.

3

전통 사회의 세계관은
어땠을까

주체적이고도 독창적인 세계관이야말로 열린 세계관이며 이와 같은 세계관을 가진 사회 구성원이 많을 때 사회는 미래지향적으로 발전할 수 있다. 그러면 전통 사회의 세계관은 어떤 것이며 그것에서 우리가 버려야 할 것은 무엇이고 또 취해야 할 것은 무엇인가?

진수와 선생님의 대화를 들어보자.

"선생님, 전통 사회의 세계관은 지난날 우리 사회의 세계관이지요? 고조선, 삼국 시대, 고려 시대, 조선 시대와 근대에 이르기까지의 세계관이 모두 전통 사회의 세계관이겠네요."

"그래. 전통 사회의 세계관이란 현대 사회의 세계관 또는 외래적 세계관과 대립되는 개념이지. 그런데 전통 사회의 세계관이란 과거에는 있다가 없어져 버린 것이 아니고 우리의 정신과 사회 어딘가에 아직도 전해져 내려온단다. 오늘날 우리가 그것을 잘 인식하지 못하는 이유는 지나치게 서양의 세계관에 물들어서 그렇지."

"선생님, 대표적인 전통 사회의 세계관은 미신이 아닌가요?"

"왜 그렇게 생각하니?"

"제 친구 근호가요, 자기 할머니 때문에 못살겠대요. 할머니가 글쎄 계절마다 근호 주머니에 부적을 넣어주고 그럴 때마다 물가에 가지 마라, 산에 가지 마라 잔소리를 한대요."

"하하! 그래? 물론 그런 태도도 일종의 전통적인 세계관이지. 자기 자신과 혈연의 건강이나 부, 그리고 행복을 바라는 태도는 전통적 세계관에 어느 정도는 다 녹아 있다고 봐야 하겠구나."

"선생님, 전통 사회의 세계관에는 또 어떤 게 있는지 궁금해요."

"남존여비(男尊女卑)*도 전통 사회의 세계관 중 하나지. 전통 사회의 가치관 중에서 오늘날까지 우리 사회에 그대로 부정적으로 남아 있는 것이 바로 남존여비 사상이란다. 많은 사람이 남녀평등을 부르짖어도 사회 곳곳에 남녀 불평등

> **남존여비**
> 여성보다 남성의 권리나 지위 등을 높이 두며, 여성을 천시하는 사상 및 태도를 말한다.

은 여전히 존재한단다. 예를 들어, 회사나 관공서에서 여자들은 남자들보다 승진도 느리고 따라서 보수도 적을 수밖에 없어. 어디 그뿐일까? 요즘은 많이 달라졌다고는 하지만 여전히 명절이나 제사 때가 되면 여자들이 남자에 비해 가사노동을 월등히 많이 하는 편이지. 아이 양육 역시 아무리 남자가 함께한다고 해도 주로 여자 몫이 되

는 현실이야. 물론 과거에 비하면 남녀평등이 많이 실현된 거긴 하단다. 조선 시대만 해도 삼종지도(三從之道)라든가 칠거지악(七去之惡) 등이 있어서 여자들에게 자유가 거의 없었지. 삼종지도란 여자가 반드시 따라야 할 세 가지 도리가 있는데 그것은 바로, 시집가기 전에는 아버지를 따라야 하고 시집가면 남편을 따라야 하며 남편이 죽으면 아들을 따라야 한다는 거지."

"그럼, 칠거지악은요?"

"조선 시대에는 여자만 이혼을 당했는데 그것을 소박맞는다고 했단다. 요새처럼 가정법원에 가거나 이혼소송을 하는 것이 아니라 문중(門中)의 어른들이 모여서 '이 여자는 칠거지악 중 몇 가지를 범했으니 쫓아내야 한다'고 결정하면, 제아무리 남편이 아내를 보호하려 해도 여자는 시집에서 쫓겨났단다. 부부 생활을 유지하지 못하고 시집에서 쫓겨나는 조건이 일곱 가지 있는데 이 중 하나만 범해도 소박맞는 거였단다. 칠거지악, 즉 남편의 문중에서 쫓겨나는 일곱 가지 규정에는 시부모에게 순종하지 않는 것, 자식을 낳지 못하는 것, 음탕한 것, 질투하는 것, 나쁜 병이 있는 것, 말이 많은 것, 절도가 있단다."

물론 삼불거(三不去)라는 것도 존재하긴 했단다. 그래도 여자를 조금 봐준다는 게 삼불거인데. 아내가 칠거지악을 범했다 할지라도 쫓아낼 수 없는 조건을 말한단다. 그것은 쫓겨나도 갈 곳이 전혀 없는 경우, 시부모의 3년 상을 남편과 함께 치른 경우, 또 장가갈 때는 가난했던 남편의 집안이 장가든 후에 아내의 도움으로 살림이 핀 경우를 말하지."

"전통 사회의 세계관은 지금으로선 정말 고리타분한 주장 같아요."

"그래. 아무리 생각해 봐도 전통 사회의 세계관은 다분히 원시적이고 덜 성숙한 면이 있지. 그렇지만 효(孝)나 충(忠) 그리고 인(仁)과 같은 가치관은 충분히 온고이지신(溫故而知新)의 가치가 있단다."

"선생님, 무슨 말씀인지 알 것 같아요. 온고이지신은 옛것을 익히고 그것을 미루어서 새것을 안다는 것이잖아요. 그러니까 우리의 전통 사회의 세계관 중에는 미신적인 것, 남성중심적인 것은 버려야 하지만 효, 충, 인과 같은 세계관은 계속 살려나가야 우리도 주체적인 세계관을 만들 수 있을 것 같아요."

우리 전통 사회의 세계관 중에서 중국을 비롯한 강대국을 섬기는 사대주의(事大主義)라든가 남존여비 그리고 여러 가지 미신적인 것들은 과감히 버려야겠지만 효, 충, 인과 같은 덕목들은 깊이 새겨 보존하면서 서구적 세계관과 조화롭게 발전시켜 나가야 할 우리의 전통 미덕이다. 효는 자식이 극진하게 부모를 섬기는 것뿐만 아니라 부모도 극진하게 자식을 돌봐야 한다는 의미가 포함되어 있다. 충은 아랫사람이 윗사람을 성실하게 대하는 것뿐만 아니라 윗사람이 아랫사람을 성실하게 대해야 한다는 의미도 포함된다.

이렇게 긍정적인 전통 사회의 세계관을 찾아 되살리면서 현대의 세계관을 세울 때 우리는 주체적인 세계관을 가질 수 있다.

4
종교는 세계관에
어떤 영향을 끼칠까

　개인이나 민족의 인생관과 아울러 세계관의 맨 밑바탕에 자리 잡은 뿌리는 무엇일까? 사람에 따라 다르겠지만 내가 보기에 인생관이나 세계관의 뿌리는 믿음이다. 철학자 러셀은 삶의 기본을 믿음이라고 했다. 예를 들어 똑같은 수학방정식에 대해서도 두 수학자는 전혀 다른 이론을 제시할 수 있는데 그것은 두 사람의 기본적인 믿음이 다르기 때문이다.

　한 인간이나 민족에게는 고유한 인생관과 세계관이 있다. 고유한 인생관이나 세계관의 근거는 믿음, 그리고 이것이 확장된 종교적인 것인 경우가 많다. 그렇기에 민족과 민족 간에 있어서 다른 어떤 것보다 종교적인 믿음이 다를 경우 생사를 건 전쟁이 비일비재하게 일어나기 마련이다. 오늘날 이스라엘과 그 주변의 아랍국들 간의 전쟁은 영토 분쟁이라든가 민족 문제도 있지만 근본적으로는 유대교와 이슬람교라는 종교의 차이 때문에 발생한다.

여기서 진욱이와 선생님의 대화를 들어보자.

"진욱아, 인간은 문화적 존재라고 하는데 문화를 형성하는 요소에는 어떤 것들이 있을까?"

"음…… 한마디로 정의하기는 어렵지만 몇 가지 꼽아보면 정치, 경제, 법, 사회, 예술, 종교, 산업 등 사회의 모든 요소가 바로 문화의 요소들이겠지요. 그런데 니체 같은 철학자는 도덕, 철학(학문), 예술, 종교 이 네 가지를 문화의 대표적인 요소로 꼽은 것으로 알고 있어요."

"그래, 네 말이 맞다. 그럼, 문화의 가장 근본 요소 한 가지만 들라고 하면 무엇을 들겠니?"

"종교가 아닐까요?"

"그렇다면 종교의 근본은 무엇일까?"

"인간의 능력은 지(知), 정(情), 의(意) 세 가지로 구분되잖아요. 이 중에서 제 생각에 의지는 종교의 뿌리가 되는 것 같아요."

"그래. 일반적으로 의지란 넓은 의미의 마음, 내면적이고 개인적인 역량, 욕구 그리고 도덕적 가치의 평가 원인 및 믿음 등이야. 그중 믿음의 바탕인 종교적 신앙은 아주 중요하단다. 같은 이슬람교를 믿는 사람들이라도 시아파˙냐 수니파˙냐

시아파
이슬람교의 한 갈래로 전 세계 무슬림 인구의 10%가 시아파다. 시아파는 제4대 칼리프인 알리만을 정통 칼리프로 여기고, 그 뜻을 추종한다.

수니파
이슬람교의 가장 큰 종파이자 정통파. 무슬림 인구의 90% 정도에 해당한다. 7세기 초 아라비아의 예언자 무함마드의 뜻을 추종한다.

에 따라 서로 반목을 하고 심지어는 전쟁을 일삼기 때문이지."

"선생님, 그럼 대한민국이 남과 북으로 갈라져 있는 것도 기본적으로는 종교적 믿음이 서로 다르기 때문인 건가요?"

"진욱아, 꼭 그렇다고 말하기는 어려워. 다만 종교적 세계관의 차이때문에 분단이 더 오래 지속되고 있다고는 할 수 있겠지."

"선생님, 북한은 공산주의이기 때문에 아예 종교적 신앙이 없잖아요. 그런데 종교적 세계관의 차이라고요?"

카를 마르크스
(1818~1883)
독일의 사상가이자 경제학자·정치학자·무신론적 급진 자유주의자. 『공산당선언』을 발표해 여러 나라의 혁명에 큰 영향을 끼쳤다.

"북한에 대해 좀 더 알아볼 필요가 있겠구나. 그 전에 먼저, 마르크스*가 주장한 공산주의는 유산계급과 무산계급, 즉 자본가와 노동자라는 차별적인 계급이 없는 사회주의 사회야. 사회주의 사회란 개인의 재산을 인정하지 않는 사회지."

"선생님, 그렇지만 북한에서는 공산당원들은 일반인보다 훨씬 잘 먹고 잘살지 않나요?"

"북한의 사회는 마르크스가 말했던 그런 공산주의 사회나 사회주의 사회가 아니야. 왜냐하면 북한에는 공산당원과 일반인의 계급 차이가 있을 뿐만 아니라 공산당원들 사이에서도 당 간부와 일반 당원의 차이가 엄청나기 때문이지."

"선생님, 북한에서는 종교도 인정하지 않는데 남북한의 분단의 바탕에 종교적 신앙의 차이가 있다는 말씀은 좀 이상한데요?"

"진욱아, 잘 생각해 보자. 북한에서는 주체사상과 그것을 창안한 김일성을 신처럼 숭배한단다. 모든 인간은 다 자유롭고 평등하며 삶의 주인이라는 것이 바로 주체사상인데 그 사상을 창안한 사람이 김일성이고 김일성을 믿고 따르며 숭배해야 한다는 것이 사상의 핵심이지. 뭔가 모순이라고 생각되지?"

"그 말씀을 들으니 북한의 주체사상은 일종의 원시적인 사이비 종교나 마찬가지인 것 같아요."

"주체사상은 어떻든 간에 일종의 원시적 신앙으로 보이는구나. 그러니까 북한 사람들은 유교나 불교나 기독교를 믿는 남한 사람들과는 종교적 태도가 전혀 다른 거야. 물론 남북 분단의 이유들로는 국제 정치적인 관계와 아울러 지정학적인 문제들이 있지만 남북 분단이 오랫동안 지속된 데는 아마도 종교적 세계관의 차이가 너무 커진 것도 한 가지 이유로 들어갈 수 있을 거야."

앞에서 지적한 것처럼 지, 정, 의는 인간의 세 가지 능력이다. 지는 지성이나 이성을 가리키며 우리는 지성에 의해서 학문의 세계를 개척해 나간다. 정은 감정 내지 정서를 말하며 우리는 정서에 의해서 예술의 세계를 펼친다. 의는 의지를 뜻하며 우리는 의지에 의해서 도덕생활을 행하며 동시에 종교적 세계관을 구성한다.

의지와 믿음은 앎과 정서의 바탕을 형성하기 때문에 종교적 세계관은 인류문화의 여러 현상들의 근본을 장식한다. 헤겔은 종교가 원시종교(자연종교)로부터 민족종교(예술종교)로 그리고 민족종교로부터 세계종교(계시종교)로 발달한다고 했다. 유교나 불교 그리고 이슬람교와 기독교는 모두 세계종교다. 우리는 세계종교끼리의 차이점만

보려 하기보다는 이들이 만민평등사상과 인간구원사상을 바탕으로
하고 있다는 공통점을 인식해야 할 것이다. 개인이나 민족이 성숙한
종교적 세계관을 가질 수 있다면 현대인과 현대 사회는 최대한 전쟁
을 줄이고 화해와 평화를 위한 길을 모색할 수 있을 것이다.

5
현대 사회의 세계관이
혼란스러운 이유는?

　현대 사회를 일컬어 '정보화 사회(디지털-사이버 후기자본주의 사회)'라고 부른다. 우리 주변의 기기들은 대부분 컴퓨터화된 디지털기기다. 미래에는 훨씬 더하겠지만 지금도 상당수의 사람은 사이버(가상) 공간에서 하루 대부분을 보내며 사이버 공간에서 작업하고 생계를 유지한다. 또 많은 사람이 사이버 공간을 통해서 생산과 소비라는 경제적 욕구를 충족하기도 한다. 정보화 사회는 종래의 자본주의 사회와도 양상이 다르다. 자본주의 사회에서 생산관계를 형성하며 생산력을 결정하는 요소들은 자본, 생산수단, 노동이었다. 그러나 정보화 사회에서는 자본, 생산수단, 노동 이외에 정보와 아이디어가 생산관계를 형성하고 생산력을 결정한다. 그만큼 21세기 현대 사회는 복잡하고 따라서 우리는 제대로 정리되거나 조화로운 세계관을 갖기가 힘든 상황에 처해 있다.

진아와 엄마의 대화를 들어보기로 하자.

"엄마, 현대인들은 혼란스러운 세계관을 가지고 있다고들 하는데
그 이유가 뭘까요?"

"진아야, 너도 어느 정도 짐작하겠지만 기계문명과 물질문명이 고
도로 발달한 현대에 사람들이 욕망 충족에 매달리다 보니 마음의 여
유를 가지고 객관 세계를 바라볼 수 있는 세계관을 가지기가 어렵게
되었어. 말하자면 현대인은 인간성이 풍요롭다기보다는 마음의 여유
를 상실하고 궁핍한 인간이 되었다고 할 수도 있단다."

"엄마, 갑자기 생각이 났는데 성경에 '마음이 가난한 자는 복이 있
다' 그런 말이 있잖아요. 마음이 가난한데 어떻게 복이 있다는 거죠?"

"그건 돈이나 명예 그리고 권력 등에 대한 욕심이 없고 마음을 비
웠다는 뜻이야. 그러니까 욕심이 없는 사람이야말로 오히려 행복하
다는 거지."

"그렇구나. 그런데 엄마, 과거보다는 현대 사회를 살아가는 사람들
의 세계관이 혼란스럽다는 것은 현대인들이 너무 자기 일에만 집착
하기 때문에 세계를 넓게 보지 못한다는 뜻이에요?"

"아무렴. 디지털 기술이 최첨단으로 발달하고 사이버 공간에서 욕
망을 최대로 충족할 수 있게 된 인간은 물질적 기계문명에 푹 빠져
있어. 겉으로만 보면 현대인들은 고도로 발달한 물질문명과 정신문화
를 누리고 있는 것처럼 보이지만, 내면을 들여다보면 현대인은 오로

지 욕망 충족에만 눈이 멀어버린 거란다. 너도 알다시피 요즘 사람들이 많이 하는 SNS를 보면 많은 사람이 자신을 과시하는 데 지나치게 신경을 쓰고 있지 않니? 과시욕 때문에 내면에 신경 쓰기보다는 타인을 의식하면서 서로 경쟁하듯 외적인 것을 충족하려고만 하지."

"엄마, 모든 인간이 단지 먹고 마시고 욕망을 충족하는 데에만 눈이 멀었다는 건 이해가 안 돼요.

"진아야, 욕망의 범위를 조금 넓혀보면 이해하기 쉬울 거야. 엄마가 말하는 욕망은 이기주의적인 욕망이야. 식욕, 성욕 외에도 지배욕과 권력욕 등이 현대인의 욕망이지."

"그렇다면 엄마, 현대인은 세계를 바라보는 시야, 곧 세계관이 너무 좁아서 그런 거 아닐까요?"

"그렇지. 그러니까 현대 사람들이 이기주의적인 욕망만 가지고 살아가면서 사랑이라든가 관용, 너그러움 같은 미덕은 망각하고 오직 자신의 욕구 충족에만 신경을 쓰니 일차원적 세계관을 갖게 되지."

폭넓게 세계를 바라보면 우리는 여러 가지 차원에서 세계를 다양하게 이해할 수 있단다. 세계를 여러 방향으로 해석하고 예술 세계에서 예술 작품을 창작하고 종교 세계에서 신앙심을 가질 수도 있지. 그런데 오로지 식욕, 성욕, 지배욕, 권력욕 등에만 사로잡혀 있으면 사람들은 세계를 자기들의 욕망을 충족하기 위한 곳으로만 보게 된단다. 이와 같은 좁은 세계관이 바로 일차원적 세계관이야. 이런 세계관을 가지면 학문이나 도덕 그리고 예술과 종교도 모두 자신의 욕망을 충족하기 위한 수단에 불과하고 참다운 의미를 상실해 버리고 말지."

"엄마 말씀을 듣고 보니 이거 상당히 심각한 문제네요."

"그래, 현대 사회에서 살아가는 사람들의 세계관이 혼란한 것은 진아가 말한 대로 심각한 현상이지."

"엄마, 구체적으로 어떤 경우가 세계관이 혼란한 걸까요?"

"예컨대 일요일마다 교회에 열심히 나가는 사람이 있다고 하자. 조그만 자기 사업을 하는 그 사람은 교회 사람들이 주고객이어서 실질적으로 교회의 도움을 많이 받았어. 같은 교회 신도의 자녀와 자식들도 결혼시켰고. 이 사람은 특별한 취미도 없어서 수요예배에 나가 사람들을 만나고 일요일에는 가족들과 함께 교회 식당에서 밥을 먹으며 교회에서 종일을 보냈어. 그러다 어느 날 자기 자신에게 물음을 던지게 되었어. '나는 지금까지 나 자신과 내 식구들의 이익만을 위해서 교회에 나온 게 아닐까? 교회에 다니는 참다운 목적은 나를 희생하고 내 죄를 씻기 위한 것이 아닌가? 도대체 기독교에 관한 내 세계관은 뭐지?' 이 사람의 경우 세계관이 혼란스러울 수밖에 없겠지."

대부분이 오직 욕망을 충족하는 것만을 삶의 목적으로 삼는 현대 사회에서 사람들은 당연히 세계관의 혼란을 경험하게 된다. 이러한 사회에서 혼란을 제거하고 합리적이며 명쾌한 세계관을 갖기 위해서 우리는 철저한 자기반성과 비판의 태도를 지녀야 한다. 그리고 점진적으로 개선하기 위한 실천의 자세를 가지면서 끊임없이 의사소통을 해야 한다. 나 자신과 타인 그리고 공동체의 생각과 행동이 정의로운지 항상 비판할 줄 알아야 한다.

6

미래지향적 세계관은
왜 중요할까

좁은 의미의 인생관이나 가치관 또는 예술관이나 종교관 등은 모두 넓은 의미의 세계관에 포함된다. 그런데 미래지향적 세계관이란 도대체 어떤 것일까? 다음과 같은 두 학생들의 입장을 들어보자.

"내가 이해하는 미래지향적 세계관은 미래의, 다시 말해서 과거나 지금보다는 모든 면에서 더 좋은 앞날을 향한 세계관이라는 뜻이지. 그럼 내 미래지향적 세계관은 어떤 거냐고? 건강하고 공부 열심히 해서 일류대학에 들어가는 것 그리고 대학에 들어가서 마음껏 놀고 공부도 하고 연애도 하는 것, 뭐 그런 게 내 미래지향적 세계관이지."

"난 좀 다르게 생각해. 미래지향적 세계관이란 직접적인 과거나 현재 또는 미래와 관련이 있다기보다는 언제나 긍정적이며 열려 있는 창조적 세계관을 가리키는 거라고 생각해. 물론 미래는 앞날을 말하는 거니까 미래지향은 앞날을 향하는 거지. 그런데 과거나 현재의 세계관도 얼마든지 개방적이고 창조적일 수 있어. 비록 과거의 세계관일지라도 개방적이고 창조적인 세계관이라면 그것은 미래지향적 세계관인 거지."

우리는 닫힌 세계관과 열린 세계관을 구분할 수 있다. 독단적 세계관인 닫힌 세계관은 발전할 수 없는 반면, 열린 세계관은 미래지향적 세계관으로서 무한한 발전 가능성이 있다고 할 수 있다.

민수와 형의 대화를 들어보자.

"형, 닫힌 세계관과 열린 세계관이 있다는데, 그 둘을 구분하는 근거를 잘 모르겠어."

"하긴 사실 쉬운 개념은 아니지. 그럼, 한번 이야기해 볼까? 예컨대 포퍼* 같은 철학자는 『열린 사회와 그 적들』에서 열린 사회의 적에 해당하는 철학자들로 플라톤과 헤겔, 마르크스를 대표적으로 꼽았어. 왜 그런지 알아?"

"글쎄……."

"한번 짐작이라도 해봐."

"음……. 플라톤*이나 헤겔, 마르크스가 독단

칼 포퍼
(1902~1994)
사회철학자이자 과학철학자. 독단 철학의 대표를 플라톤과 마르크스로 보고 독단 철학에 의한 사회 체제는 닫힌 것이므로 닫힌 사회를 비판하고 열린 사회를 지향할 필요성을 강조한다.

플라톤
(BC 428?~BC 348?)
고대 그리스의 대표 철학자로, 소크라테스의 제자이자 아리스토텔레스의 스승. 다양한 서양 학문에 영향을 끼쳤다. 그가 교육자로 있던 '아카데메이아'는 오늘날 대학의 원형이다.

론적 철학을 주장했으니까 그들의 세계관은 닫힌 세계관이라는 의미인가?"

"오호! 짐작 치고는 훌륭한데. 그래, 열린 사회란 인간의 다양한 입장들을 존중하는 다원적인 사회이기 때문에 독단론적 철학은 닫힌 세계관이고 이것은 곧 열린 사회의 적에 해당한다는 말이지. 일단, 플라톤은 진리란 이데아계(界)*에만 있다고 했어. 헤겔은 역사란 절대정신의 전개라고 했고, 마르크스는 사회적 삶의 근거는 물질적 생산관계라고 했어. 이들은 자신과 다른 생각은 전혀 받아들이지 않았지. 그래서 포퍼가 이들 세 철학자를 열린 사회의 적들, 곧 닫힌 사회를 옹호하는 대표적인 사상가로 꼽은 거야."

이데아계
이데아계란 현상계에 대립하는 영원불변하는 세계를 말한다. 이데아란 현상계를 있게 하는 원형이다. 무수한 사물들의 원형인 무수한 이데아들이 있고, 이 이데아들의 이데아를 플라톤은 선(善)의 이데아라고 정의했다.

"그러니까 옹고집쟁이 철학자들이라는 거군. 자기 말만 옳다고 주장하는 사람들을 보면 나도 참 답답하더라. 그런데 형, 모자라는 내 머리로는 아무리 생각해도 정말로 이해하기 힘든 게 있어."

"뜸 들이지 말고 얼른 털어놔 봐. 뭐가 그렇게 이해하기 힘든데?"

"위대한 철학자들이 엄청나게 많은 지식을 가지고 있고 많은 것을 잘 알고 있다는 것은 인정할 수밖에 없지. 그런데 정말 알 수 없는 게 있어."

"도대체 뭐가 알 수 없다는 거야? 철학자들의 사상을 알 수 없다는 거야? 하긴, 대학생인 나도 철학책 한 권 읽으려면 꽤나 낑낑거려야 하고 다 읽어도 완전히 이해할 수 없는데 고등학생인 네가 철학자들의 사상을 다 이해한다는 것 자체가 무리지."

"형, 그 말이 아니야. 물론 아직은 철학자들의 사상을 이해하기가 힘들어. 하지만 내가 도저히 알 수 없는 것은 다른 문제야."

"글쎄, 그게 뭐냐니까?"

"형, 내 말 좀 들어봐. 소위 위대한 철학자들은 물론이고 대부분의 어른들은 미래지향적 세계관과는 거리가 먼가 봐."

"그건 무슨 뚱딴지같은 소리야? 어른들은 왜 갑자기 튀어나와?"

"아빠나 엄마를 좀 봐. 아빠나 엄마가 나를 야단치고 타이를 때는 마치 모르는 것 없이 전지전능한 것처럼 말하고 행동하시잖아. 나도 이래 봬도 철학책들을 두루 좀 들춰봤어. 그런데 위대한 철학자들은 한 명도 빠짐없이 모두 '인생은 이런 것이다', '세계는 이렇다', '행복은 이런 것이고 불행은 이런 것이다', '사랑은 이렇고 삶과 죽음은 이렇다' 등등 모르는 것이 전혀 없다는 듯 자기주장을 펼치더라고. 형, 아무리 위대한 철학자라 해도 세상만사를 모두 알 수가 있을까? 난 그게 참 이상해."

"우리 민수가 어떻게 그런 생각까지 했지? 놀라운걸. 그래, 네 말처럼 위대한 사상가나 철학자라고 모두 미래지향적인 세계관을 가진 것은 아닌 것 같구나. 포퍼가 플라톤, 헤겔, 마르크스를 가리켜서 열린 사회의 적들이라고 한 것도 그런 뜻에서가 아닐까?"

"물론 플라톤, 헤겔, 마르크스 등에게도 어느 정도는 미래지향적인 열린 세계관이 있겠지. 플라톤은 사람들에게 국가의 정의를 알려

주려고 했어. 그런가 하면 헤겔은 인간 의식이나 역사 그리고 예술과 종교가 변증법적으로 발전한다고 했지. 마르크스는 자본가와 노동자의 계급 차별을 없애고 인간의 자유와 평등을 실현하려고 했어. 이런 점들은 미래지향적 세계관이야. 하지만 그들의 독단론이 더 강하기 때문에 플라톤과 헤겔, 마르크스는 폐쇄적인 독단적 세계관의 대변자들이라고 할 수 있다는 뜻인 것 같아."

위와 같이 성인이나 철학자들뿐 아니라 우리의 청소년들도 미래지향적 세계관을 가져야 우리 사회는 정의가 실현되는 열린 사회가 될수 있다. 그러기 위해서는 청소년들이 자발적이고 독창적이며 비판적이고 또한 창조적인 사고를 가지고 자유롭게 의사소통을 할 수 있어야 한다. 다원적이며 다양한 청소년들의 의사소통이야말로 미래지향적 세계관의 기초다.

• 생각해 볼 문제 •

・・・・・・・・・・・・・・・・・・・・・・・・・・・・・・・・・・・・

1. 내가 생각하는 세상 속 내 모습이 어떤 것인지 구체적으로 설명해 보자. 세상 속 내 모습과 나의 세계관은 어떤 관계가 있는지도 생각해 보자.

2. 인생관과 세계관은 어떻게 다른가? 인생관과 세계관의 특징을 간단히 설명해 보자.

3. 전통 사회의 세계관에는 어떤 것들이 있는지 예를 들어보자. 또 전통 사회의 세계관 중에서 부정적인 것은 어떤 것이고 긍정적인 것은 어떤 것인지도 이야기해 보자.

4. 문화를 형성하는 네 가지 요소를 말해 보자. 종교가 세계관의 뿌리인 이유는 무엇인가?

5. 우리는 '정보화 사회'라고 하는 매우 복잡한 현대 사회에서 살아가고 있다. 현대인이 가치관의 혼란에 시달리고 있는 이유를 이야기해 보자.

6. 세계관을 닫힌 세계관과 열린 세계관으로 구분할 수 있는데, 이중 열린 세계관은 어떤 것이며 열린 세계관이 왜 미래지향적 세계관일 수 있는지 이야기해 보자.

2장

개인은

세계에서

어떻게 존재할까

1

우리는 과연
도덕적 사회에서 살고 있을까

인간은 누구나 사회적 존재이며 그런 면에서 인간은 모두 윤리적 세계관 다시 말해서 도덕적 세계관을 가지고 살아가고 있다. 물론 인간이라고 해서 예외 없이 누구나 도덕적 세계관을 지닌 것은 아니다. 예컨대 정신 질환자들 그리고 약물 중독자들은 도덕적 판단이 불가능한 경우가 있다. 그렇지만 그들도 시간이 흐르거나 적절한 치료를 받으면 도덕적 세계관을 가질 수 있다. 우리의 도덕적 세계관은 도덕적 세계, 곧 도덕적 사회를 가능하게 한다.

다음은 양미와 어머니의 대화다.

"엄마, 엄마는 왜 철학과에 갔어요?"
"뭐 딱히 분명한 이유가 있었던 건 아닌 것 같아. 고등학교 때 문학

책이랑 사상 책을 많이 읽다 보니까 서양사상과 동양사상을 알고 싶어서 자연스럽게 철학과를 택한 거지."

"그럼 엄마, 저 좀 도와줘요. 학교 숙제가 있는데 어떻게 정리해야 할지 모르겠는 거 있죠. 아니, 도대체 도덕적 세계가 뭐냐고요. 저는 앞으로 자연계 학과에 갈 이과 반이라 그런지 도덕적 세계가 뭔지 전혀 감이 오질 않아요. 엄마, 제발 좀 도와줘요. 오늘 저녁에 요리할 때 진짜 열심히 도울게요."

"글쎄……. 네가 도와주는 게 득이 되는 건지 잘 모르겠다. 생각 좀 해봐야겠는걸."

"아이, 엄마."

"그래, 한번 믿어보지 뭐. 암튼 그건 그렇고 도덕적 세계란 바로 도덕적 사회를 말한단다."

"우리가 살아가는 사회가 도덕적 사회인데 그것을 더 어떻게 설명하죠?"

"우선 도덕적 사회와 비도덕적 사회를 구분할 수 있지?"

"엄마, 비도덕적 사회가 어디 있어요? 인간이면 모두 도덕적이니까 사회는 도덕적 사회인 거죠."

"양미야, 시각을 좀 넓혀보자. 히틀러가 독재하던 세계가 과연 도덕적 세계일까?"

"히틀러가 구체적으로 어떻게 했는데요?"

"독일 민족이 유럽을 제패해야 한다는 생각을 자국민에게 퍼뜨려 유대인 600만 명을 무자비하게 학살한 게 바로 히틀러 독재의 결과야. 비도덕적 세계의 대표라고 할 수 있지. 아무튼 비도덕적 세계에 관해서는 다음에 이야기하기로 하자. 우선 양미야, 양심이 지켜지고 의무가 제대로 행해지는 사회는 도덕적 세계일까 아니면 비도덕적 세계일까?"

"그거 너무 쉬운걸요. 사람들이 양심에 따라 행동하고 의무를 제대로 지키는 사회는 당연히 도덕적인 세계죠. 그러면 엄마, 도덕적인 세계란 간단히 말해서 선한 사회가 아닐까요? 그렇지만 선한 사회가 현실적으로 가능할까요? 사회에는 선한 면과 악한 면이 뒤섞여 있잖아요."

"양미가 아주 잘 지적했구나. 선하기만 한 사회도 없고 그렇다고 오직 악하기만 한 사회도 없단다. 말하자면 선과 악 두 얼굴을 모두 갖추고 있는 것이 사회야. 양미 네가 말한 대로 도덕적 세계는 선한 사회의 세계인 것이 분명해. 현실사회는 선과 악 두 가지 측면을 다 갖추고 있지만, 우리 인간은 더 바람직한 사회를 구축하기 위해 이론적으로 도덕적 사회와 비도덕적 사회를 구분한단다."

"우리 반 아이들만 봐도 대부분은 양심적이고 의무도 잘 지키는 선한 아이들이 많아요. 그런데 몇몇 아이들은 남을 전혀 배려하지 않고 정말 자기 권리만 주장하고 너무 이기적이에요. 그리고 보면 우리 반이라는 하나의 작은 세계는 크게 보면 도덕적이지만 비도덕적인 측면도 있다고 봐야겠네요."

"네가 말한 예도 물론 좋지만 도덕적 세계에 관한 설명으로는 프랑스의 철학자 베르그송의 주장이나 현대 사회철학자 중 한 사람인 포

열린도덕
습관적 도덕을 해체하고
전복함으로써 자유롭고
창의적이면서 자발적인
행동으로 나타나는 도덕

닫힌도덕
사회적으로 굳어버려서
자유롭지도 못하고 창조
적이지도 못한 도덕

퍼의 주장이 적절한 것 같구나."

"베르그송이나 포퍼라면 저도 조금은 알아요. 베르그송은 『도덕과 종교의 두 원천』이라는 책에서 도덕을 열린 도덕*과 닫힌 도덕*으로 구분했고 또 종교를 동적 종교와 정적 종교로 구분했어요."

"양미도 제법이구나. 그럼, 베르그송과 포퍼의 주장을 설명할 수 있겠니?"

"베르그송의 열린 도덕이 도덕적 세계에 해당하고 또 포퍼의 열린 사회가 도덕적 세계에 속한다는 것은 알겠는데 사실 더 자세한 것은 잘 모르겠어요. 엄마가 확실하게 설명 좀 해줘요."

"그럴까? 우선 양미야, 그냥 습관적으로 인사하고 또 관습적으로 행하는 의무 같은 거 있지? 그렇게 사회적으로 굳어버려서 자유롭지도 못하고 창조적이지도 못한 도덕을 일컬어서 베르그송은 닫힌 도덕이라고 했단다. 그런가 하면 습관적 도덕을 해체하고 전복함으로써 자유롭고 창의적이면서 자발적인 행동으로 나타나는 도덕을 일컬어서 열린 도덕이라고 했어."

"그럼, 포퍼가 말한 열린 사회는 어떤 거예요?"

"간단히 말해서 사회구성원들 각자가 자발적 주체로서 다원적 관점에서 자유롭게 의사소통을 하는 사회야."

"아, 도덕적 세계란 베르그송의 열린 도덕이나 포퍼의 열린 사회와 동일한 것이군요."

2
비도덕적 세계란
무엇일까

닫힌 사회와 아울러 정체된 사회는 비도덕적 세계다. 인간은 누구나 도덕적 세계관과 비도덕적 세계관 두 가지를 가지고 있으므로 경우에 따라서는 도덕적 사회를 건설하는 데 참여할 수도 있고 또 비도덕적 사회를 구축하는 데 함께할 수도 있다. 그렇다면 비도덕적 세계는 어떤 세계일까?

다시 양미와 엄마의 대화를 들어보자.

"엄마, 비도덕적 세계란 양심이 통하지 않고 사람들이 의무를 행하지 않기 때문에 오직 강제에 의한 행동만 가능한 사회인 거죠?"

"양미야, 도덕적 세계의 반대가 비도덕적 세계이니까 간단히 말해서 비도덕적 세계는 사회의 도덕적 기초가 무너진 그런 세계야."

"엄마, 할아버지께서 가끔 '요새 청소년들의 도덕이 땅에 떨어질 대로 떨어졌어'라고 말씀하시면서 한숨을 쉬시는데, '도덕이 땅에 떨어졌다'는 것은 '도덕의 기초가 무너졌다'는 것과 같은 의미인 거예요?"

"그래, 양미야. 잘 알아들었구나. 청소년들의 도덕이 땅에 떨어졌다는 것은 청소년들의 가치관이 무너졌다는 뜻이지."

"청소년들의 가치관이 땅에 떨어진 데는 어른들과 사회의 책임도 크지 않을까요?"

"글쎄? 청소년들 스스로 자신들의 행동에 책임져야 하지 않니?"

"어머, 입시 지옥을 만들어놓은 게 누군데요? 일류대학과 입시 경쟁 때문에 성적으로 우리를 평가하는 게 누군데요? 어른들과 사회는 학벌이랑 돈, 권력을 최고의 가치로 믿고 청소년들이 그런 믿음 속에서 경쟁하게 만들었잖아요. 그러니까 청소년들이 선이나 양심 또는 의무와 같은 도덕의 기초를 상실할 수밖에 없게 된 거 아니겠어요?"

"그렇게 생각할 수도 있겠구나……. 하지만 네 말대로라면 청소년들은 아무런 주체성도 없이 어른들이나 사회가 시키는 대로만 행동했으니까 전혀 책임이 없다는 것이 되는데, 과연 청소년들의 비도덕적 행동에 대한 책임이 모두 어른들과 사회에만 있는 걸까?"

"아니, 꼭 그렇다는 것만은 아니고……. 청소년들의 비도덕적 행동의 책임은 우선 행동 당사자인 청소년들에게 있죠. 그리고 어른들과 사회는 청소년들의 비도덕적 행동에 상당한 영향을 미쳤으니까 공동의 책임이 있다는 거예요."

"그래, 양미가 성숙한 관점을 갖고 있구나. 사춘기를 지난 청소년들이 아무리 미성년자라고 해도 신체적으로는 거의 다 성숙한 상태야. 여기에 정신적으로도 더 성숙해야 한단다. 그래서 미성년자인 청소년들이 범죄를 저지르면 여러모로 정상참작을 하고 소년원에 보내서 다양한 교육을 통해 성격과 행동을 교정하는 거지. 그런데 양미야, 청소년들의 비도덕적 행동에는 어떤 것이 있을까?"

"그거야 많죠. 우선 학교에서 벌어지는 왕따 현상이 있어요. 여러 학생들이 집단적으로 특정 학생을 따돌리는 거예요. 저도 여러 번 그런 걸 목격했는데, 참 비겁한 행동이었어요. 약간 약해 보이는 학생을 여러 명이 놀리고 괴롭히는 걸 봤는데 그건 너무 부끄러운 행동이에요.

또 최근에는 'n번방 사건'처럼 오직 돈을 벌고 욕망을 채우기 위해 불법적으로 음란물을 촬영하고 배포하는 것도 있어요. 그것만이 아니에요. 청소년들이 입에 담지 못할 욕설을 시도 때도 없이 내뱉는다든가, 부모에게 해서는 안 될 패륜적 행동을 한다든가, 친구들끼리 무리를 지어 약자를 괴롭히는 행위 또는 술이랑 담배는 물론이고 허용되지 않은 약물 등을 섭취하면서 가정과 학교를 멀리하는 행동 등등. 이런 것은 모두 비도덕적인 행동이죠."

"네 말을 듣고 보니 할아버지 말씀대로 도덕이 땅에 떨어져도 한참 떨어졌구나. 참 큰일이다. 어른들도 돈과 권력만 찾지 말고 고귀한 인간성과 주체적이고 자발적인 삶을 최고의 가치로 깨닫는 날이 빨리 와야 할 텐데 말이다."

"엄마, 도덕적 세계가 어떤 건지 대강은 알겠는데 철학도였던 엄마가 분명하게 한마디로 정의해 주면 안 돼요?"

"글쎄……. 도덕적 세계를 한마디로 정의 내리기가 쉬울까? 그저 남들이 한 말을 다시 인용하거나 아니면 종합하는 정도면 모를까. 그것도 쉬운 일은 아니고 말이야. 양미야, 태양 아래 새로운 것은 없다는 말 알지?"

"예, 새로운 것이란 아무것도 없는 상태에서 창조된 것이라기보다는 기존의 것을 현재에 되살려 발전시킨 것 아니겠어요? 그러니 철학자들의 사상을 살펴보며 정리해 나가다 보면 우리도 바람직한 세계관을 갖출 수 있을 거예요. 그러니까 제 생각을 좀 정리해 보면, 음…… 도덕적 세계는 올바른 세계인 것 같아요."

"그래, 그렇게 말할 수도 있겠구나. 그런데 양미야, 이렇게 바꿔 말하면 어떨까? '도덕적 세계는 정의로운 세계이고 비도덕적 세계는 정의롭지 못한 세계다'라고 말이야."

"아, 그럼 다시 정리해 볼게요. 우리 사회는 도덕적 측면과 비도덕적 측면이 모두 섞여 있어요. 사람끼리 사랑하고 협동하며 법을 지키는 것은 도덕적 측면이고, 미워하고 질투하며 법을 어기는 것은 비도덕적 측면이에요. 여기서 비도덕적 측면이라고 한 것은 비도덕적 사회와 비도덕적 세계 모두에 해당한다고 할 수 있어요.

엄마, 우리가 도덕적 세계와 비도덕적 세계를 구분하는 것은 바로 정의롭지 못한 비도덕적 세계의 특징을 밝힘으로써 정의로운 도덕적 세계를 만들려고 하기 때문이겠지요?"

정상적인 의식이 있는 사람들은 모두 행복을 바란다. 우리의 행복을 보장할 수 있는 것은 정의로운 사회다. 정의로운 사회만이 인간의 자유와 평등을 약속할 수 있다. 그러므로 우리는 비도덕적 세계가 어떤 것인지 알아야 하며 또한 그것을 어떻게 도덕적 세계로 전환할 수 있을지도 철저히 강구하지 않으면 안 된다.

모든 사회 구성원에게 정치, 경제, 사회, 문화, 교육 등의 공동체 조직과 행위에 자유롭게 참여할 수 있는 기회가 공평하게 부여되는 사회가 정의로운 사회다. 정의로운 사회에서만 비로소 도덕적인 세계가 자리 잡을 수 있다.

3
세계는
어떻게 움직이고 있을까

적어도 50년 또는 100년 전 우리의 생활은 우물 안 개구리와 같았다. 그런데 21세기 오늘날의 모습은 어떠한가? 말 그대로 세계는 좁아졌고 하나의 세계가 되었다. 교통수단과 정보기술에 의한 전자매체의 발달로 우리는 과거 어느 때보다 빠른 시간 안에 원하는 곳에 갈 수 있고 원하는 정보를 얻을 수 있게 되었다.

진태와 선생님의 대화를 들어보자.

"진태야, 최근에 국제 사회가 어떻게 돌아가는지 혹시 알고 있니?"

"정치적인 것, 아니면 경제적인 것이요? 좀 광범위한 것 같아서요."

"그럼, 뉴스에서 세계 문제 중 어떤 것을 자주 언급하는지 먼저 이야기해 볼까?"

"우선 코로나바이러스 감염증-19(COVID-19, 이하 코로나19)로 인한 경제적 변화가 가장 큰 것 같아요. 세계적으로 번진 감염병으로 인해 수출과 수입, 사람들의 생활 행동이 제약을 받으면서 시장이 변화하고 각국의 경제가 큰 타격을 입었어요."

"그렇지, 코로나19로 인한 경제 여파는 상당히 우려될 정도로 심각한 상황이란다. 지금 국내만 하더라도 수많은 자영업자가 줄줄이 문을 닫고 기업 경영이 악화되고 있는 것은 너도 뉴스를 통해 많이 접했겠지. 또한 이슬람 극단주의 무장 단체인 탈레반이 아프가니스탄을 점령하면서 난민 문제가 세계 문제로 대두되고 있단다. 여기에 여성 난민의 인권이 위협에 처한 것까지 드러나면서 큰 문제로 다뤄지고 있지. 또한 최근에 중국이 기후 문제로 석탄 생산량을 감축하면서 정전 사태가 이어지고 있단다. 유럽도 전력난이라 현재는 천연가스와 석탄 가격이 일시적으로 오르는 추세지. 환경 문제로 화력 발전을 줄였지만 전력난을 불러오는 딜레마 상황에 놓인 거란다."

"네, 기후 문제는 지속적으로 뉴스에서도 보도되고 있더라고요. 또 얼마 전에 읽은 책에서는 빙산이 녹으면서 그 속에 포함된 수천만 개의 바이러스가 또 다른 세계적 감염병을 일으킬 수도 있다고 하더라고요."

"그렇지, 지금 기후 위기는 심각한 상황이고 정치 경제 문제로도 이어지고 있지. 얼마 전에 영국에서 시민들이 석유 사재기를 하느라 소동이 빚어졌다는 소식이 나오기도 했지. 과거에는 중동이 석유 수출국이었다면 현재는 미국이 석유 패권국이란다.

그런데 지난여름에 이상 기후로 인한 허리케인이 발생하면서 미국의 석유 공장들이 쓸려나가고 생산에 차질이 생긴 게 원인이 크지. 브라질 역시 심각한 가뭄으로 댐이 마르면서 전력 공급에 큰 차질을 빚고 있단다. 앞으로 기후 문제와 관련된 것들은 더욱더 심각해지지 않을까 싶다.

그건 그렇고 그 외에도 국제적인 문제들에는 어떤 것들이 있고 또 세계는 어떻게 움직이고 있다고 말할 수 있을까?"

"선생님, 그 질문은 너무 광범위해서 답하기가 힘들어요."

"그럼, 이렇게 바꿔 물어볼까? 현대 사회의 특징은 어떤 것이라고 할 수 있겠니?"

"현대 사회의 특징은 바로 후기산업 사회라는 점이지요."

"그렇다면 후기산업 사회는 어떤 사회지?"

"20세기 이후의 산업 사회를 후기산업 사회라고 하잖아요. 특히 생산과 소비가 핵심이면서 산업이 최첨단 과학기기들에 의해 이루어지는 사회가 후기산업사회죠."

"그래, 잘 정리했구나. 후기산업 사회를 경제적으로는 후기자본주의 사회라고 하는데 후기자본주의 사회는 과연 어떤 사회일까?"

"20세기 이후의 자본주의 사회가 바로 후기자본주의 사회죠. 근대 자본주의에서 생산관계를 형성한 요소들이 자본, 수단, 노동이었던 데 비해 후기자본주의에서 생산관계를 구성하는 요소들은 자본, 수단, 노동 외에도 기술과 아이디어가 더 있어요. 그러니까 후기자본주의는 근대자본주의와 질적으로 달라진 거죠."

"그럼, 현대 사회의 특징을 간단히 정리해 볼까?"

"선생님, 간단히 말하기엔 너무 어려워요."

"현대 사회는 과거의 어떤 사회보다도 너무 복잡하단다. 특히 최첨단 컴퓨터 기기가 발달해서 교통과 정보처리 수단이 엄청나게 발달했지. 게다가 수많은 국가들이 정치, 경제, 사회, 과학, 문화, 종교 등 여러 면에서 서로 얽혀 있단다. 이라크와 아프가니스탄의 국내 분쟁만 해도 그렇고 이스라엘과 주변 이슬람 국가들 간의 문제만 봐도 그렇지. 국제 문제는 아무리 단순하고 사소해 보여도 깊이 들여다보면 매우 복잡하게 얽혀 있단다.

물론 각각의 국가들은 이기주의적인 입장에서 자국의 이익만을 추구하면서도 한편으로는 다 함께 살아남고 번영하려면 국제간의 협력이 절실하다는 것을 알고 있단다. 그래서 서로 싸우면서도 협력의 길을 모색하고 있는 거지."

세계는 어떻게 움직이고 있는가? 이 물음에는 헤아릴 수 없이 많은 답들이 있을 수 있다. 세계는 마치 살아 있는 유기체처럼 한때는 병들고 괴로워하지만 다시금 건강을 되찾고 인류의 행복을 위해 힘찬 발걸음을 내딛기도 한다. 세계를 어떻게 움직이게 하는가 하는 문제는 결국 인류의 의지와 행동에 달려 있다.

4
왜 세계인의 안목을 갖춰야 할까

세계 그리고 세계인이라는 말을 들으면 무슨 생각이 들까?
진아와 어머니의 대화를 들어보자.

"엄마, 이제 '우리 민족'이 '단일민족'이니 '백의민족'이니 하는 말은
더 이상 의미가 없는 것 같아요."

"진아, 네가 어떤 의미에서 그런 말을 하는지는 대충 짐작이 가는
구나."

"지금은 다문화 가정이 다양한 텔레비전 프로그램 소재로 다뤄질
만큼 어느 정도 우리 사회 곳곳에 일상적으로 녹아 있는 것 같아요."

"정확하게 봤구나. 과거 1990년대 후반부터 농어촌 등에 거주하는
남자들이 결혼하기 어려워지면서 주로 동남아시아나 중앙아시아의

여성들과 결혼하는 것이 보편화되었지. 또 많은 중소기업 특히 제조업 분야에서는 인건비 차이로 저성장 국가들의 외국인을 많이 채용하기도 했단다. 거기에 더해 K팝 문화라든가 한국의 고유성이 세계적으로 알려지면서 여러 나라의 사람들이 한국 문화에 관심을 두기 시작했어. 한국어를 제2외국어로 가르치는 곳이 많아지는 것도 그중 한 현상이기도 하고. 그런 이유로 한국을 찾게 된 외국인들이 한국에 정착하면서 다문화 가정이 더욱 많아지기도 했단다. 물론 우리나라의 사람들이 외국으로 나가 공부하거나 일하는 것 역시 늘어나면서 인종 간 결합이 자연스레 이뤄지기 때문에 단일민족이라는 표현은 이제 현실성이 떨어지고 있는 추세지.

"엄마, 다문화 가정이니 다문화 사회니 하는 것은 국적과 인종이 다른 사람들이 가정을 이루었거나 또는 그런 사람들이 모여 사회를 형성했다는 뜻인 거죠?

"그렇지. 그만큼 세계는 복잡해졌고 따라서 세계인도 다양한 삶을 살아갈 수밖에 없다고 해야겠구나."

"'세계인'이라는 말을 '개인'과 대비해서 말해도 될까요?"

"어떤 의미에서 말이니?"

"제가 생각하는 세계인은 코스모폴리탄이에요."

"진아가 그런 것도 알아? 만민평등주의[*]에 기반한 코스모폴리탄 말이냐?"

"세계가 이렇게 좁아졌으니까 이젠 각각의 인간이 개인의 좁은 틀에서 벗어나 세계인으로서

만민평등주의
평등을 최고의 가치로 두고 모든 사람은 평등하다고 전제한다.

안목을 가지고 사회에서 살아나가야 글로벌 시대에 적응할 수 있지 않겠어요?"

"이야, 우리 진아 대단하구나! 진아 말대로 현대인들은 글로벌 시대에 맞춰 글로벌한 인간이 되어야 하지."

"제가 알기로는 글로벌이라는 단어는 '공 모양의(global)'라는 형용사더라고요."

"그래. 글로벌은 '공 모양의'라는 뜻만 아니라 '세계적인', '전체적인', '지구의'라는 뜻도 있어. 그러니까 글로벌 시대라고 하면 지구 시대나 전체 시대 또는 세계 시대 등의 의미도 있는 거지. 따라서 글로벌 인간이라고 하면 그것은 바로 세계인을 말하는 거야."

"엄마, 세계인이라는 개념은 최근에 만들어진 거죠?"

코스모폴리타니즘
세계시민주의 또는 세계주의라고도 한다. 전 인류를 하나의 세계 시민으로 보는 입장

스토아학파
아리스토텔레스 이후 그리스 로마 철학을 대표하는 학파. BC 3세기에 시작해 AD 2세기까지 이어졌다. 스토아학파는 코스모폴리타니즘을 주장했는데 오늘날 평등사상의 시초가 된다.

"글쎄……. 꼭 그렇게만 볼 수는 없을 것 같은데. 진아야, 코스모폴리탄은 만민평등인이고 이 생각을 주장하는 입장은 코스모폴리타니즘*(코스모폴리탄 사상)이야. 코스모폴리타니즘이 언제 생겼는지 알고 있니?"

"아뇨. 몰라요."

"그러니까 헬레니즘 시대 스토아* 철학자들에 의해서 만민평등사상, 곧 코스모폴리타니즘이 주장되었단다. 기원후 2~3세기는 정치적으로는 로마 시대였지만 로마는 아직 독자적인 사상이 없었어. 그래서 그리스의 철학과 사상을 고스란히

62

받아들였지. 따라서 로마 시대 철학의 맥락은 그리스적인 것일 수밖에. 이 시기를 헬레니즘 시대라고 해. 키케로나 세네카 또는 아우렐리우스와 같은 스토아 철학자들은 감정을 버리고 냉정하게 이성으로 사고하고 판단하기를 요구했어. 그들의 주장에 의하면 이성적으로 판단할 때 모든 인간은 평등하다는 거야. 그래서 코스모폴리타니즘, 바로 만민평등사상이 성립한 거란다."

"그 이전에는 인간평등사상이 없었어요?"

"세계인의 입장에서 모든 인간이 평등하다고 외친 최초의 인물들은 아마도 석가모니나 예수가 아닐까?"

"어떤 면에서요?"

"응. 석가모니는 중생심불심(衆生心佛心)이라고 했어."

"저도 그 단어를 들어보긴 했어요. '중생의 마음이 부처의 마음이다'라는 거잖아요. 그런데 사실 더 깊이는 모르겠어요."

"제대로 알고 있네. 바로 그거야. 중생은 살아 있는 모든 것을 일컫는데 특히 모든 인간을 가리킨단다. 그러니까 중생심불심이란 모든 인간의 마음은 깨달은 부처의 마음이라는 뜻이야."

"엄마, 그걸 모르겠다니까요. 우매한 인간의 마음도 다 부처의 마음이란 말이에요? 그건 아니잖아요?"

"진아야, 잘 생각해 보렴. 아무리 우매한 인간의 마음이라도 그 안에는 깨달음의 씨앗이 있기 때문에 바로 부처의 마음이라는 거야. 그러니까 중생심불심은 바로 모든 인간은 평등하다는 것을 뜻하는 거지."

"그럼, 예수는 어떤 의미에서 코스모폴리탄이라는 거예요?"

"기독교에서 말하는 그대로야. 모든 인간은 죄인이고 결국 신에 의해 구원받을 수 있기 때문에 인간은 누구나 평등하다는 거지."

현대 사회는 매우 복잡해졌고 지구촌은 시간과 공간 면에서 과거 어느 때보다도 좁아지고 가까워졌다. 세계는 날이 갈수록 정치, 경제, 과학, 문화, 사회적으로 많은 문제를 짊어지고 있으며 전쟁, 공해, 식량부족, 인구 증가 등으로 신음하고 있다. 이러한 문제들을 해결하기 위해서는 세계인의 안목을 갖춰야만 한다. 가능하면 청소년들을 위한 국제교류 프로그램을 활발하게 추진해야 한다. 또한 청소년들도 자발적으로 글로벌 감각을 키우기 위해 노력해야 한다. 세계에는 더 이상 개인이 아닌 세계인이 필요하다.

5
이웃 간의 사랑과 협동이
필요한 이유는?

사회는 이익 사회와 공동 사회로 구분된다. 이익 사회는 말 그대로 사회구성원들이 이익을 추구하는 사회고, 공동 사회는 사회구성원들이 서로 사랑하고 협동하는 사회다. 공동 사회의 대표는 가정이고 이익 사회의 대표는 회사다. 그러나 엄밀히 살펴보면 이익 사회와 공동 사회는 한 사회의 두 측면에 해당한다. 다시 말해서 한 사회에는 이중적인 면이 있는데 그것이 바로 이익 사회와 공동 사회인 것이다.

가정은 물론 부부, 부모와 자식, 형제자매들이 서로 돕고 사랑하는 작은 사회지만 그 안에서도 어느 정도 개인의 이익 때문에 충돌한다. 그런가 하면 회사 같은 사회에서 개인들은 자신의 이익을 위해 일하면서도 한편으로는 서로 협력하지 않을 수 없다.

오늘날 세계는 과거와 달리 매우 역동적으로 변하고 있다. 이미 경제대국으로 떠오른 중국은 과거의 소련을 대신해 미국과 힘을 겨룰 정도로 정치, 군사 면에서도 강대국으로 부상했다. 국토가 넓은 인도와 브라질도 신흥공업국으로 분류되고 있다.

유럽의 27개 국가가 모여서 결성한 유럽연합은 정치, 경제, 군사, 문화, 과학 등 여러 면에서 힘을 합치고 있다. 그러나 2020년 1월 영국이 유럽연합을 탈퇴하는 브렉시트가 단행되고 최근 폴란드에서도 유럽연합 탈퇴 반대 시위가 대규모로 이뤄지면서 유럽연합 소속 국가들도 달라지는 분위기다.

이와 같은 국제적인 상황에서 우리는 이 작은 한반도의 반쪽인 남한에 살면서 우리의 현실을 냉정하게 그리고 비판적으로 관찰하고 반성하는 자세를 가져야 한다. 역동적으로 움직이는 거대한 세계를 보지 못하고 여전히 정치적으로 당리당략(黨利黨略)에만 매달려 있고, 사회와 문화적으로는 계층과 세대 간 분열이 지속된다면 우리는 결코 세계화를 실현할 수 없을 것이다.

성수와 선생님의 대화를 들어보자.

"선생님, 우리나라가 최근 수출에서 세계 10위 안에 들었다고 하니 우리나라도 이젠 경제대국이 되었나 봐요. 가정은 물론이고 회사와 관공서에서 똘똘 뭉쳐서 사랑하고 협력하는 정신이 발휘된 덕분이 아닐까요?"

"그래, 성수 네 말이 맞다. 선생님이 어렸을 때, 그러니까 1970년대만 해도 남한의 경제는 북한보다 뒤처졌단다. 그런데 1980년대부터 남한의 경제가 북한을 앞지르기 시작했고 근래에는 비교도 안 될 정도지. 네 말대로 우리는 세계에서 수출 강대국이 되었으니까 말이다. 그런데 성수야, 청소년들은 물론이고 우리나라 사람들은 현실을 좀 더 냉철하게 봐야 할 것 같구나."

"무슨 말씀이세요?"

"우리가 가정이나 사회에서 똘똘 뭉쳐 서로 사랑하고 협력하는 것도 좋지만 그것도 우리 자신의 현실을 직시하면서 해야 미래지향적인 사회를 건설할 수 있다는 말이야. 국제 관계를 중요하게 여기는 세계인의 자세 없이 세계 10대 수출대국이니 강국이니 하다가는 과거 외환위기 같은 위험한 상황에 언제든지 직면할 수 있다는 거지."

"선생님 말씀은 결국 국민 모두가 나라의 내실을 다지는 데 힘써야 한다는 뜻이죠? 저도 그 점은 이해가 가지만 자칫하면 절망적인 상황에 직면할 수 있다는 말씀은 잘 이해가 안 돼요. 자세히 아는 건 아니지만 그래도 반도체와 조선업, 자동차산업은 우리가 세계적이잖아요. 그러니까 예전처럼 그렇게 쉽게 무너지지는 않을 거 같아요. 이세 산업은 우리가 계속 투자하고 선진화하면 수출에서 오래오래 효자 노릇을 톡톡히 할 테니까 우리나라 경제가 적어도 현상 유지는 될 거예요."

"너무 낙관하는 게 아닐까? 요새는 국제간의 경쟁이 치열하잖니. 모든 면에서 국제경쟁에서 살아남으려면 글로벌한 사랑과 협력이 필수적이란다. 치열한 경쟁에서 살아남을 수 있는 세계인은 바로 멀고 가까운 이웃을 사랑하고 그들과 협력할 수 있는 인간이란다. 이웃을 사랑하고 이웃과 협력하려면 어떤 자세를 가져야겠니? 그것은 자발적이며 비판적이고 창의적인 자세겠지?"

"그럼요, 당연하죠."

"그러니까, 잘 생각해 보렴. 우리나라는 영토가 작고 인구는 많아. 게다가 자원빈국이지. 석유 한 방울 나지 않고 광물자원도 거의 수입에 의존하지. 이제는 식탁에 오르는 음식 재료들도 거의 다 수입품이야. 그러니까 우리나라의 경제 구조는 원자재를 수입한 후 가공해서 상품을 만들고 그것을 수출하는 구조인 거지. 이런 상황에서 우리가 국제 관계에 소홀히 해서 다른 나라가 우리 상품을 사지 않으면 우리는 먹고 살 길이 막막하지 않겠니?"

"단지 수출을 위해 이웃과 협력해야 한다는 말씀인 건가요?"

"아니란다. 그건 아주 작은 예를 든 것뿐이란다. 세계가 하나가 되기 위해서는 세계인의 자세가 필요하고 세계인의 자세를 가지려면 무엇보다도 자발적이고 비판적이며 창의적인 인간이 돼야 한다는 말이야. 그래서 우리가 우리의 현실을 냉철하게 관찰할 때 우리는 더 진지한 자세로 멀고 가까운 이웃을 사랑하고 또 그들과 협력할 수 있다는 말이란다."

"선생님, 결국 바람직한 글로벌 사회를 만들기 위해서는 가정과 사회에서 그리고 멀고 가까운 이웃 관계에서 사랑과 협동이 필수적이라는 말씀인 거네요."

6

가치판단은
세계를 어떻게 변화시킬까

　가치판단이란 무엇일까? 가치판단이라고 하면 우리는 선이나 악 같은 윤리적 가치에 관한 판단만 생각하기 쉽다. 이린 경향은 우리가 가치를 떠올릴 때 주로 윤리적 가치만을 염두에 두기 때문이다. 가치 에는 윤리적 가치 외에도 앎의 가치와 미적 가치가 있다.

　일반적으로 우리는 사실과 가치를 구분한다. 객관적 사실이라고 할 때의 사실은 우리 눈앞에 벌어지는 사건이나 사태다. 예컨대 정 원에 꽃과 연못이 있는 것은 사실이며 전쟁이 벌어지는 것도 사실이 다. 그러나 앎의 가치와 미적 가치 그리고 윤리적 가치는 사실과 다르 다. 앎의 가치, 미적 가치 및 윤리적 가치는 각각 참다움(진, 眞), 아름 다움(미, 美), 착함(선, 善)을 궁극 목적으로 삼는다. 그러므로 학문은 진리를, 예술은 아름다움을, 윤리나 종교는 선을 추구한다.

우리는 가치판단이라고 할 때 위에서 살펴본 세 가지 가치들에 관한 판단보다는 윤리적 가치판단을 줄여서 가치판단이라고 말하는 경향이 있다. 윤리적 가치판단은 선과 악에 연관된 인간의 행위에 관한 판단이다. 이것은 종교적 가치판단과도 밀접히 연관되어 있다. 왜냐하면 도덕과 종교는 불가분의 관계를 맺고 나란히 발달해 왔기 때문이다.

민수와 선생님의 대화를 들어보자.

"민수야, 사람들은 가치판단에 따라 세계를 서로 다르게 바라본단다. 그게 무슨 뜻인지 알겠니?"

"제 눈에 안경이라는 뜻이 아닐까요?"

"제 눈에 안경이라? 좀 더 자세히 설명한다면?"

"사람들은 저마다 자기 관점에서 세계를 바라보고 해석한다는 뜻이지요."

"그래, 잘 말했구나. 인간이란 어디까지나 사회적 존재가 아니겠니? 그러니까 시민의식 그리고 만민평등의식을 가지고 세계를 살아갈 때 적어도 우리는 갈등과 모순을 해결할 대책을 찾을 수 있을 거야."

"선생님, 만민평등의식은 달리 말해서 만민평등의 가치관이나 가치판단이라고 볼 수 있나요?"

"그렇지, 가치관은 가치판단과 거의 같은 개념이야."

"만민평등의식은 쉽게 이해가 가는데 시민의식이라는 말이 얼른 머리에 들어오지 않네요. 시민의식은 다양하잖아요. 예컨대 남한의 시민의식, 북한의 시민의식, 영국이나 프랑스의 시민의식, 우간다와 콩고의 시민의식……. 이렇게 보면 시민의식도 매우 다양할 것 같은 데, 시민의식을 가지고 세계를 바라보고 판단해야 한다는 말은 좀 이상해서요."

"민수야, 프랑스 혁명에 대해 알고 있니?"

"예. 1789년 시민들이 왕권정치를 타파하기 위해서 일으킨 혁명 아닌가요?"

"제대로 알고 있구나. 프랑스 대혁명이라고도 하는 프랑스 혁명은 부르봉 왕조 루이 16세의 경제와 정치의 실패로 나라가 혼란해지자 불평등한 사회체제와 절대왕정의 폭정에 항거해 민중들이 일으킨 혁명을 말하지. 시민들이 궐기해서 루이 16세 왕과 왕비 마리 앙투아네트를 처형하고 봉건제도*와 왕정을 붕괴한 후 공화제*를 설립했단다. 프랑스 혁명은 인간의 존엄성과 평등을 주장했으며 유럽 민주주의의 기초가 되기도 했단다. 그런데 민수야, 프랑스 혁명의 구호가 무엇인지 혹시 아니?"

"자유, 평등, 박애요."

"정확하게 알고 있구나. 아까 민수가 시민의식이 어떤 건지 잘 모르겠다고 했지? 선생님이 말한 것은 바로 시민계급의 의식을 말한 거야."

"시민계급의 의식은 뭐예요?"

"민수야, 자세히 설명하자면 좀 긴데……. 사상

봉건제도
토지로 주종관계가 형성되는 제도. 농민은 영주에게 종속되어 자유를 박탈당하고 세금을 납부한다. 수도와 주요 요충지만 중앙 정부가 직접 통치한다.

공화제(Republic)
오늘날의 국민주권주의. 주권을 가진 인민이 선출한 대표자가 인민의 인권과 이익을 위해 국정을 행하며, 일정한 임기로 교체되는 정치 체제으로 보면 서양에서는 14세기에 봉건주의가 종식을 고했고 15, 16세기는 르네상스 시대였지. 17세기부터 근대가 시작되는데 근대의 싹은 바로 시민계급 의식이야. 귀족이나 봉건 영주도 아니고 농노도 아닌 자유시민들이 경제권과 정치권을 가지고 의회를 창립하는 사건이 처음으로 일어난 곳은 영국이란다. 이 자유시민들이 바로 시민계급의 시초이고 이들의 의식을 일컬어서 시민의식이라고 하는 거지.”

“선생님, 그럼 프랑스 혁명은 시민의식과 어떤 관계가 있나요?”

“프랑스 혁명에서는 그 이전까지 잠재적으로 있던 자유, 평등, 박애에 관한 시민의식이 성숙했다고 할 수 있어. 그래서 시민들은 자유, 평등, 박애를 외치면서 부르봉 왕조를 붕괴할 수 있었던 거지.”

4·19혁명
1960년 4월 19일 학생들을 중심으로 일으킨 민주주의 혁명. 그해 3월 15일 실시된 대통령 선거에서의 자유당 정권의 불법·부정 선거와 이승만 정권의 독재와 탄압에 대항했다.

“선생님, 그렇다면 우리나라의 4·19[●]혁명이나 5·18민주화운동도 역시 시민의식의 발로라고 볼 수 있을까요?”

“민수가 아주 중요한 이야기를 했구나. 4·19혁명과 5·18민주화운동의 바탕에도 분명히 자유와 평등에 관한 시민의식의 가치판단이 깔려 있지. 이 둘에서도 분명히 알 수 있는 것은 인간의 가치판단에 따라 세계가 변한다는 거야.”

“혹시 그걸 사회 정의라는 가치판단이라고 말해도 되는 걸까요?”

“아무렴. 자유와 평등 그리고 그것들을 종합한 정의라는 가치판단을 무시한다면 세계를 제대로 해석하지도 못할 뿐만 아니라 바람직한 방향으로 변화시키지도 못한단다.”

"선생님, 인간의 성숙 그리고 가치판단의 성숙이 결국 세계를 정의
로운 방향으로 이끌어가는 열쇠가 되겠군요."

"그래, 선생님도 그렇게 생각한단다."

• 생각해 볼 문제 •

· ·

1. 히틀러의 독재체제는 도덕적 세계인가 아닌가? 모든 시민의 양심과 의무
   가 무엇인지를 말해 보고 양심과 의무는 도덕적 세계와 어떤 관계가 있
   는지 설명해 보자.

2. 사회의 도덕적 측면과 비도덕적 측면을 구체적인 예를 들어 설명해 보자.
   비도덕적 세계의 특징에는 어떤 것들이 있는가?

3. 다문화 가정과 다문화 사회에 대해 평소 가지고 있던 생각들을 발표해
   보자. 개인과 세계인을 비교하고 왜 세계인의 의식을 가져야 열린 사회
   로 향한 길을 갈 수 있는지 설명해 보자.

4. 어떤 이유에서 가정의 본질이 사랑이고 사회의 본질은 협동인지 생각해
   보자. 한 나라의 법이 왜 사랑과 협동을 기초로 삼아야 하는지 근거도
   살펴보자.

5. 앎의 가치판단, 미적 가치판단 그리고 윤리적 가치판단이 서로 어떻게
   다른지 설명해 보자. 윤리적 가치판단에 따라 세계를 관찰하고 해석하며
   변화시키는 입장도 달라진다고 볼 때 윤리적 판단의 특징을 말해 보자.

3장

우리는

왜

자아실현을 할까

1
나는
누구인가

　인간은 누구나 일상에 발을 붙이고 있다. 먹고 마시고 잠자고 길을 걷고 이야기하고 일하고……. 성인군자든 정치가든 성직자든 교육자든 학생이든 노동자든 군인이든 농부든 어부든 간에 인간이라면 남녀 모두 일상의 수레바퀴를 굴리면서 하루하루를 살아가고 있다.

　그러다 어떤 사건이나 계기로 일상이 멈추거나 변화하는 순간 우리는 문득 자기 자신을 돌아보면서 스스로에게 묻는다.

　"나는 누구인가?"

　이러한 근원적 물음을 던지는 몇 사람의 이야기를 들어보자.

　"도대체 나는 누구인데 지금 이곳에서 이렇게 살아가고 있는 것일까? 얼마 전에 아주 황당한 일을 겪었어. 오래 사귀던 친구와 이야기하고 있는데 그 친구가 불쑥 나에게 이렇게 묻더라고.

'우리 참 오래된 사이다. 그렇지? 하지만 깊은 속 이야기를 나눌 기회는 적었어. 나는 항상 궁금한 게 있었어. 네 진짜 모습은 뭘까. 나는 아직도 너가 누구인지 정확히 모르겠더라고.'

이 물음을 들은 순간 나는 너무나도 당황했어. 뇌리에는 여러 가지 생각들이 번개처럼 스쳤어. '친구는 오래된 사이면서도 내가 개인적인 일이나 집안일을 터놓고 의논하지 않아서 섭섭했을까? 아니야, 그럴 친구는 아니야. 아니면 내가 그 친구의 고민이랑 기쁨, 슬픔을 함께하면서 친밀한 대화를 나누지 않아서 나를 멀게 느꼈을까? 그것도 아닐 거야. 그렇다면 그 친구는 내가 개성이 뚜렷하지 못한 것을 지적하면서 분명한 개성을 가지라고 내게 일깨우려고 한 것일까?'

나는 지금도 그 친구가 무엇 때문에 그런 물음을 던진 것인지 모르겠어. 내가 누구냐고 누군가 묻는다면 있는 그대로의 나가 바로 나라고 대답할 수 있을 뿐이지."

아우구스티누스
(354~430)
중세의 스콜라 학풍에 지대한 영향을 미친 고대 철학자. 원죄를 가진 인간에게는 악을 행하는 자유만 있을 뿐, 오로지 신에 의해 구원이 가능하다고 주장했다.

"아우구스티누스*는 평소에는 시간에 대해서 잘 알고 있는 것 같았지만 누가 갑자기 자기에게 시간이 무엇이냐고 물으면 시간에 대해 아무것도 모르고 있는 자신을 발견하게 된다고 『고백록』에서 이야기했어요. 어디 시간뿐이겠습니까? '나' 자신에 대해서도 마찬가지예요.

일상에서 우리는 모두 나 중심으로 살아가고

있어요. 언제나 내 가족, 공부, 일, 학교, 직장, 친구 등이 무엇보다도 중요하고 또 내 주요 관심 대상이에요. 매사에 나는 남들보다 많이 소유하려 하며, 더 높아지려 하고 더 앞서 나가기를 원해요. 그래서 인지 홉스[*]는 인간의 자연 상태를 가리켜서 '만인의 만인에 대한 전쟁' 또는 '인간은 인간에 대해서 늑대이다'라고 했어요. 그전에 막상 누군가가 갑자기 나에게 '너는 누구냐?'라고 물으면 난감해요. 보통 때는 오로지 나 중심이고 나만을 주장하다가, 누군가가 내가 누구냐고 물으면 사실 나는 나에 대해 아무것도 모르고 있다는 사실만 드러낼 뿐이지요."

토머스 홉스
(1588~1679)
영국의 사상가. 인간을 자연 상태로 두면 자신의 이익과 생존만을 추구하기 때문에 사회 계약을 바탕으로 한 막강한 국가가 있어야 한다고 주장했다.

만일 '나'의 존재가 사명하다면 세상에는 해결되지 않는 어려운 문제가 거의 없을 것이다. 각 개인들이 주장하는 '나'가 각각 천차만별이기 때문에 무수히 많은 삶과 사회의 문제가 생길 수밖에 없다. 자연사물의 문제는 자연계의 순환과 함께 자연적으로 해결된다. 그러나 인간의 무수한 문제는 결코 자연적으로 해결되지 않는다. 특히 문화적인 문제는 내버려두어서는 결코 해결될 수 없다. 뿐만 아니라 정치와 경제, 사회적인 많은 문제 역시 자연적으로는 해결되지 않는다.

진석이와 선생님의 대화를 들어보면서 나는 누구인지 그리고 청소년은 누구인지 곰곰이 생각해 보자.

"선생님, 제게 내가 누구인지 속 시원히 대답해 줄 사람 어디 없을까요?"

"그 대답은 너 자신만이 할 수 있을 것 같구나. 그래서 인간의 성장과 성숙이 필요한 거겠지. 진석아, 너는 현대 사회를 살아가는 한국의 청소년이야. 이 점도 너의 한 측면이 되겠구나."

"맞아요, 선생님. 그렇지만 청소년이 누구인가라고 물으면 또 아득해지는걸요."

"그렇다면 조금씩 더 생각해 볼까? 한국에 사는 청소년들에게서 긍정적인 것과 부정적인 것을 한번 찾아보자."

"우리 청소년들은 특히 비판 정신, 창의력, 자발성, 응용력 등이 좀 낮다는 말을 많이 들어봤어요."

"그 이유가 뭘까?"

"이유요? 이유야 많겠지만 입시 위주의 암기식 교육 때문이라고 생각해요."

"그래, 진석아. 반대로 우리 청소년들에게는 긍정적인 면도 많아. 감수성, 적응력, 수용력 등은 우리 청소년들의 장점이지."

"가만히 생각해 보니까 선생님 말씀이 맞아요. 저 자신에게도 선생님께서 지적하신 긍정적인 점과 부정적인 점이 다 있어요. 그럼, '나'는 현실의 시간과 공간적으로 실재하는 개체 존재라고 봐도 될까요?"

"아주 탁월한 정리구나. 각각의 인간 개체는 모두 '나'야. 아리스토텔레스는 모든 존재를 무기물, 식물, 동물, 인간 등으로 나누었어. 인간은 인종별로, 민족별로 또는 남녀노소로도 구분할 수 있지. 그래서 결국은 진석이가 말한 대로 시간과 공간적인 구체적 개체 존재로서의 나를 말할 수 있겠지. 그런 개체는 이성적 존재이기도 하고 주체성을 가진 윤리적이고 도덕적인 존재이기도 해. '나'란 딱 한마디로 정의할 수 없고 문화와 환경에 따라 다양하게 정의할 수 있는 인간 개체야."

"선생님, 정신분석학*에서 바라보는 '나'는 이성적 자아로 한 개체의 전체 정신 과정의 한 부분에 불과하다면서요?"

"그렇지. 프로이트는 우리가 익히 알고 있는 자아는 생각하고 계산하고 따지는 합리적 자아로서 개체의 정신 과정(영혼 과정)의 매우 작은 표면에 지나지 않는다고 했어. 말하자면 의식적 자아인 것이지. 개체의 정신 과정 대부분은 무의식적 충동이라는 것이 프로이트의 생각이야."

정신분석학
프로이트가 창안한 심리학의 한 갈래. 인간의 행동을 무의식과 관련해 세운 이론적 체계. 심리적 욕구와 사회적 요구가 조화되지 않을 때 정신적 질환으로 나타난다고 간주한다.

신체에 비해 아직 정신이 성숙하지 못한 청소년기는 심한 갈등을 겪는다. 청소년들은 자신의 정체를 확립하지 못했기 때문에 자신의 올바른 모습을 알기 위해서 '나는 누구인가?'라는 물음을 던지면서 번민의 늪에서 절규한다. 고뇌와 번민의 늪에서 용감하게 뛰쳐나오면서 '나는 누구인가'에 대한 답을 스스로 마련하기 시작할 때 청소년들은 몸과 마음이 건강한 성인으로 성장할 수 있을 것이다.

2
자아란
무엇일까

과연 나의 정체는 무엇일까? 자아에 관한 몇 가지 이론들을 살펴보면서 곰곰이 생각해 보자.

다음은 자아 이론에 관한 진아와 어머니의 대화다.

르네 데카르트
(1596~1650)
프랑스의 철학자·학자·물리학자. 근대철학의 아버지로 불린다.

"엄마, 자아는 철학적 문제이자 심리학적 문제인 거죠? 데카르트° 같은 철학자는 자아 개념이 자명한 것이라고 했대요. 철학자들은 보편적이며 추상적인 원리를 찾느라고 구체적인 '나'에는 신경을 별로 안 쓴 것 같아요.

많은 철학자가 인간은 어떻고 저렇고 이야기들을 했지만 정작 내가 무엇인지에는 관심을 기울이지 않은 것 같아요. 그래서 철학은 추상적이고 구체성이 빠진 것 같아요. 엄마, 심리학에서 이야기하는 자아는 도대체 어떤 거예요?"

"글쎄다……. 최근 심리학에서는 행동심리학이나 인지심리학의 영향으로 개인의 행동이나 인지적 특징에 대해 연구하는 흐름이 활발하지만 자아 자체에 대해 집중하는 경향은 적은 것 같아. 한 개인의 행동이 바로 그 자신의 '나'를 대변하겠지. 바꿔 말한다면 한 개인의 행동은 바로 그의 자아의 특징에 해당될 거야."

"그래도 정신분석학에서는 자아를 연구하잖아요? 정신분석학에서 연구하는 자아는 어떤 거예요?"

"진아야, 자아와 의식과 성격은 서로 깊이 연관되어 있어. 자아와 의식은 상당히 추상적이고 애매한 개념 같고 오히려 더 구체적인 것은 성격이라고 할 수 있겠는걸."

"그럴 듯해요. 나 개인의 성격을 알면 나를 알 수 있을 것 같아요."

"그럼, 엄마가 성격에 관해 더 이야기해 볼까?"

"심리학에서 말하는 성격은 성격이 나쁘다, 좋다, 할 때의 그 성격이 아닌가 봐요. 그러고 보니 성격이 뭐죠?"

"성격은 개인의 특질이야. 네가 환경에 적응할 때 그리고 대인 관계에서 일정 방식으로 생각하고 행동하는 것이 바로 너 개인의 특질이고 그것이 바로 진아 너의 성격이란다."

"역시 우리 엄마 짱이라니까. 엄마가 그렇게 설명해 주니까 머리에 쏙쏙 들어오는 거 있죠. 그럼, 성격과 자기(자아)는 서로 어떻게 다른 거예요?"

"진아야, 잘 들어봐. 한 개인의 '성격'이란 '관찰자'가 그것에 대해 생각하는 심리적 내용이야. 다시 말하자면 개인을 특징짓는 지속적이며 일관된 행동양식이야. 그런가 하면 '자기'는 한 개인이 자신에 대해서 가지는 심리적 내용이야. 무슨 말인지 알겠니?"

"들으면 들을수록 진지해지네요, 엄마. 그래서 자기 자신은 자기밖에 어느 누구도 모른다는 말이 있나 봐요. 그럼, 성격은 비교적 객관적인 반면에 자기는 주관적이라고 봐도 되겠네요?"

"그렇지. 그런데 진아야, 보통 심리학에서는 자기를 두 가지로 나누는데 어떻게 나누는지 혹시 알고 있니?"

"현실적 자기와 이상적 자기인가요? 제 안에 속한 자기는 너무 많아서 헤아릴 수가 없는데 심리학에서는 왜 둘로만 나누는 거죠?"

"누구나 경험적으로 자신에 대해서 알고 있는 내용은 경험적 자기야. 그런가 하면 자신이 이상으로 삼는 내용은 이상적 자기로서 결국 자기이상(自己理想)이 되는 거지."

"아, 이제 성격과 자기의 차이를 알겠어요. 그럼, 자아는 자기와 같은 거예요, 아니면 서로 다른 거예요?"

"중요한 질문이구나. 자기를 자아와 구분한 사람이 있는가 하면 자기와 자아를 구분하지 않고 자아라는 개념만 사용한 사람도 있단다. 융*과 같은 심리학자는 자아와 자기를 구분한 대표적인 사람이야."

"융에 관해서라면 저도 소개서랑 해설서를 조금 읽었어요."

"그래? 그럼, 네가 아는 만큼 융의 자기와 자아에 관해서 설명해볼 수 있겠니?"

"융은 성격을 자기로 봤어요. 그러니까 한 개인의 성격은 자기인 거죠. 자기는 다시 무의식과 의식적 자아로 나뉘고요."

"그럼, 한 개인의 정신 전체가 자기라는 거니?"

"그래요, 엄마. 그런데 융은 무의식을 집단무의식과 개인무의식으로 나누었어요."

"집단무의식과 개인무의식 그리고 의식은 각각 어떤 거지?"

"집단무의식은 태초부터 인간이면 누구나 가지고 있는 무의식이에요. 예컨대 태양 숭배라든가 뱀에 대한 공포와 같은 것들은 근원적인 무의식인 거죠. 그래서 융은 집단무의식을 원시형(元始型)이라고 불렀어요. 개인무의식은 개인들이 의식하지 않고 있는 익숙한 행동이나 기술이에요."

"그럼, 융이 말하는 자아란 어떤 걸까?"

"자아는 정신의 의식된 부분이에요. 개인의 지각, 기억, 사고, 판단, 감정 등을 일컬어 자아라고 해요."

"진아 네 말을 들으니까 융의 분석심리학에 대한 기억이 생생히 떠오르는구나. 융은 정신분석을 해서 정신질환자들을 치료했어. 융은 한때 프로이트의 정신분석학 이론을 따르면서 프로이트 밑에서 연구했지만 견해가 서로 다르다는 것을 알고는 자신의 정신이론을 심층심리학 내지 분석심리학이라고 말하면서 프로이트와 결별했단다."

"엄마, 자아 이론은 원래 프로이트가 제시한 거라는데 그건 어떤 거예요?"

칼 구스타프 융
(1875~1961)
분석심리학자의 개척자. 특정한 상태를 설명하는 '콤플렉스'라는 단어를 사용해 이와 관련한 학설의 기초를 세웠다.

"전에 한번 이야기한 거 같은데, 어디 보자……. 프로이트의 초기 자아이론과 후기 자아이론은 조금 다르단다. 초기에 그는 정신과정을 의식(意識), 전의식(前意識), 무의식(無意識)으로 나누었어. 의식은 이성적 자아야. 무의식은 본능적 충동이고, 전의식은 무의식과 의식 사이에서 검열 역할을 하는 의식이야. 무의식적 충동 중에서 의식으로 내보내도 괜찮은 것은 내보내고 아닌 것은 억압하는 일을 하는 것이 전의식인 거지. 그런데 억압이 너무 심하면 의식과 무의식 사이의 균형이 안 맞아서 노이로제 증세가 생긴단다."

"엄마, 그럼 프로이트 후기의 자아이론은 어떤 거예요?"

"프로이트는 『자아와 그것』이라는 저서에서 자아(自我), 원초아(原初我), 초자아(超自我)를 구분했어. 자아는 이성적인 의식이고, 원초아는 무의식적인 충동이지. 초자아는 소위 양심인데 이것은 어릴 때 부모에게서 받은 도덕적 교훈과 같은 거야. 원초아와 초자아 두 가지는 모두 무의식에 속하는 거야."

소크라테스는 어려운 일이 있을 때마다 델피신전에 가서 신탁을 받았다. 어느 날 그는 "너 자신을 알라"는 신탁을 무녀로부터 들었다. 인간이 자기 자신, 곧 자아를 명확히 안다는 것만큼 어려운 일도 없을 것이다. 오죽하면 소크라테스는 "나는 나 자신이 모른다는 것을 알 뿐이다"라고 말했겠는가. 뉴턴은 우리가 아는 것은 바닷가의 무수한 모래알 중 하나에 지나지 않는다고 했다.

청소년 시절은 자아에 대해 조금씩 눈을 뜨기 시작하는 시기다.

서서히 자아에 관해 알고 자아를 가꿔 나가기 위해 노력할 때 청소년들은 자기 자신들의 삶이 얼마나 소중하고 가치가 있는지를 알 수 있을 것이다.

3

청소년들은 사회를
어떤 눈으로 바라봐야 할까

　청소년들은 어떤 자아관(自我觀)을 가지고 있으며 사회를 어떤 눈으로 바라보고 있고 또 사회와 어떤 관계를 맺고 있을까.

　우리나라 청소년들에게 매우 중요한 대학 입학과 관련하여 몇몇 청소년들의 생각과 이야기를 들어보자. 자신의 진로 문제이지만 그 바탕에는 우리 사회를 바라보는 관점이 담겨 있다.

　"나는 중학생 때도 그랬지만 고등학생이 된 후부터는 질식할 것만 같았다. 고등학교 1학년이 되어 일류대학에 입학하지 못하면 사회에서 인정받기가 어렵다는 걸 알게 되었다. 2학년이 되니 그 압박감이 더 심해진다.

　지금 이 순간도 고민이다. 아빠, 엄마가 '공부가 다는 아니니 쉬어가면서 해라. 일류대학이 아니어도 돼'라고 말씀하시지만, 나는 공부를 열심히 해서 명문대학에 들어가고 싶다. 하지만 죽기 살기로 해도 공부가 너무 어려워 맘대로 되진 않는다.

나는 왜 이럴까?

모든 학생이 일류대학에 갈 수 있는 것도 아닌데 가정과 사회는 왜 이렇게 가혹하게 강요할까? 도대체 내 자아는 어떤 것일까? 나는 이처럼 스스로 물음을 던지면서 답을 찾으려고 발버둥치지만 아무런 해답도 찾지 못한 채 끊임없이 방황하고 번민하고 있다."

"나는 적어도 중간 이상의 대학에는 들어가야겠다. 지금보다 열심히 해서 가능하면 일류대학에 도전해 볼 생각이다. 아버지는 사회가 말하는 일류대학 출신이 아니라는 이유로 차별을 받는다고 하신다. 자기 또래들보다 연봉도 낮고 승진도 잘되지 않는다고 한다.

나는 학교 선생님들이 하라는 과제는 빠짐없이 하고 학원 공부도 내가 알아서 남보다 몇 배로 열심히 한다. 나는 부모님이 몸조심하면서 공부하라고 할 정도로 밤잠도 줄여가며 공부한다. 내가 사회에서 차별받지 않는 유일한 방법은 제대로 된 대학에 합격하는 것이다.

대학에 합격하기 전까지는 놀아서도 안 되고 즐겨서도 안 된다는 말은 천번만번 맞는 말이다. 중학생 때는 철없이 놀았다. 그러나 고등학생이 된 지금 대학에 합격하는 것은 죽느냐 사느냐의 문제다. 지금도 아이돌 음악에 고함치고 수단 방법을 가리지 않고 공연을 보러 가는 아이들이 있는데 그 아이들은 도대체 무슨 생각으로 아직까지 그러고 다니는지 도저히 이해할 수가 없다."

"나는 중학생 때부터 장차 내가 사회에 나가면 어떤 직업을 가지고 적어도 사회에 도움이 되는 그런 인간이 될 것인가를 시간이 날 때마다 곰곰이 생각해 왔다. 할아버지와 엄마가 자주 편찮으셨기 때문에 나는 의과대학을 졸업한 후에 의사가 되어서 아픈 사람들을 일생 동안 치료해야겠다고 다짐했다.

고등학생이 된 후로도 그 생각에는 변함이 없다. 그래서 물리치료 학과나 그런 분야의 학과에 들어가서 공부한 후에 병원에서 일하는 게 내 소원이다. 물론 지금 내 실력으로는 전문대학에도 겨우 들어갈 수 있을지 알 수 없지만, 내가 얼마 남지 않은 시간 동안 죽을힘을 다해 공부하면 목표하는 전문대학 정도는 들어갈 수 있을 것 같다.

이렇게 결정하기까지는 꽤 많은 시간이 필요했다. 나는 누구이며 내 능력과 적성은 어떤 것일까 하고 오랜 기간에 걸쳐 생각했다. 그리고 우리 사회가 나에게 무엇을 요구할까 하는 것에 관해서도 나 나름대로 생각해 봤다. 그래서 내린 결론이기 때문에 쉽게 바뀌지 않을 것이다.

비록 의사는 되지 못할지언정 물리치료사로서 얼마든지 멋지고 훌륭하게 환자들을 돌볼 수 있을 거라고 확신하기 때문이다."

"나는 어려서부터 성격이 너무 극단적이었다. 좋고 싫은 것, 잘하고 못하는 것이 너무나 분명했다. 그래서인지 영어나 국어, 역사, 수학은 좋아하고 열심히 했는데 과학이랑 음악, 미술은 너무 싫어서 아예 공부할 생각도 하지 않았고 시험을 보면 과학은 아예 풀 생각도 안했다. 대학에는 처음부터 원서도 내지 않을 작정이다. 담임선생님과 부모님께는 미리 선언을 했다. 벌써 나는 조리사 자격증까지 따놓았다. 고등학교를 졸업한 후에는 제빵 학원에 다니면서 빵 만드는 기술도 익힐 예정이다. 음식을 만들고 빵을 만드는 일이 너무 즐겁기 때문이다.

돈 많고 권력 있고 또 명예가 있어야만 사회에 기여를 할 수 있는 것은 아니다. 맛있는 음식이나 빵을 제공하면 사람들도 즐거울 테고 나 자신 역시 한없이 행복할 것이다. 사람 사는 맛이 바로 이렇게 상부상조하는 데 있는 것 같다. 나 자신의 자아가 별것이겠는가? 내 자아는 내 개성으로 결정되고 내가 개성에 따라 마음먹으니까 이렇게 하루하루가 보람 있고 가치 있다."

청소년들은 자기나 자아에 대해 나름대로 다양한 생각을 가지고 있으며 또한 자신과 사회의 관계에 대해서도 각자 나름대로 생각을 하고 있다. 그러나 상당히 많은 청소년이 자아 상실의 위험에 직면해 있으면서 사회에서 원하는 방향, 주위 사람들의 기대에 부응하기만 하는 경향이 있는 것은 그만큼 청소년의 도덕적 가치가 혼돈에 처해 있다는 사실을 보여준다.

다음의 대화를 들어보자.

"요새 청소년들이 아이돌 그룹의 노래에 거의 미치다시피 하는데,

참 큰일이야."

"아이돌이 도대체 무슨 뜻인지 알고나 있는 걸까?"

"아이돌은 라틴어 '이돌룸(idolum)', 곧 '우상'이라는 말에서 온 영어야. 요즘 우리 사회는 황금만능주의, 물질만능주의, 출세지상주의, 그리고 외모지상주의가 판을 치고 있어. 아직 어린 청소년들이 무비판적으로 여기에 휩쓸리다 보니 불안하기만 한 거야. 그러면서 불안과 불만을 해소하기 위해 아이돌 그룹의 노래에 빠져버리면서 아예 자기 개성을 집어던져 버리는 거야."

현대 사회에서는 자본주의 순환과 미디어 산업이 절묘하게 결합되어 있다. 가수, 탤런트, 영화배우 등이 바로 이러한 결합의 문화 상품이다. 특히 청소년들의 우상인 아이돌 그룹은 대표적인 문화 상품이다. 아이돌 그룹은 매력적인 노래와 놀라운 무대 연출을 보여주지만 한편으론 거대한 미디어 산업에 의해 각자의 개성이 드러나지 않고 획일화되는 경향이 있어 청소년들은 이러한 문화를 비판적으로 바라보며 수용할 필요가 있다.

어른들은 청소년들의 건전한 자아 회복을 위해서라도 아이돌 그룹의 인간화를 과감하게 시도해야 한다. 아이돌 그룹의 구성원들 역시 공동체 사회의 구성원이다. 따라서 아이돌 그룹의 구성원들도 개방된 굳건한 세계관을 가질 때 사회가 건전할 수 있다. 어른들을 비롯해서 사회구성원들은 열린 의사소통을 통해서 아이돌 그룹을 공동체 사회의 장으로 이끌어야 할 의무가 있다.

청소년이 대학에 갈 것인가, 직업을 택할 것인가, 예체능이나 또 다른 길을 갈 것인가를 결정하는 궁극적인 책임은 물론 청소년 자신에게 달려 있다. 인간의 행복, 정의로운 사회, 개방된 세계관 등을 삶의 목표로 삼는 청소년들은 어디까지나 공동체 사회 안에서 철저한 자기반성과 비판을 통해야 한다. 그래야만 자기 자신의 주인이 될 수 있을 것이다.

4
어떻게 자아실현을
해야 할까

청소년 시절은 인간의 발달 과정 중에서 자아실현의 열정(파토스)
이 가장 강한 시기다. 청소년들은 자신들에게 무한한 미래가 있다는
것, 온갖 가능한 희망이 다 있다는 것, 자기들이 건강하다는 것, 아직
어른이 아니기 때문에 시행착오가 가능하다는 사실을 잘 알고 있다.

아동기는 자아실현 내지 자기실현을 준비하는 단계다. 청소년기는
자기실현을 시작하는 단계고 성인기는 자기실현을 완성하는 단계다.

진아와 어머니의 대화를 들어보자.

"엄마, 제 생각에 자기와 자아는 똑같은 것 같은데, 엄마는 어떻게
생각해요?"

"글쎄다. 너도 알다시피 융과 같은 분석심리학자는 자기와 자아를

구분했지만, 프로이트 같은 정신분석학자는 자기와 자아를 똑같이 생각한 것 같구나. 엄마도 진아처럼 두 가지가 같다고 생각해. 그런데 왜 그걸 묻지?"

"어떤 책에서 자아는 경험적 자아와 이상적 자아가 있다는 글을 읽었는데, 그게 무슨 뜻인지 잘 모르겠더라고요."

"나도 어떤 심리학 책에 나오는 성격에 관한 부분에서 경험적 자아와 이상적 자아에 관한 글을 읽은 기억이 있단다. 그 두 가지는 자아 경험과 자아 이상이라고 해도 될 것 같구나."

"그럼 엄마, 현실적으로 경험하는 의식 내용, 곧 자아 경험이 있는가 하면 또 한편으로는 미래의 이상적인 의식 내용, 곧 자아 이상이 있다는 말이군요? 그렇다면 자아실현은 미래의 자아 이상을 현실의 자아 경험으로 만드는 거겠네요?"

"놀랍구나, 진아야. 너하고 내화하다 보면 고등학생인 내 딸이랑 있는 게 아닌 것 같다니까."

"그거 칭찬인 거죠? 아마 엄마를 닮아서 그런가 봐요."

"진아야, 너랑 친한 은주와 미정이 그 친구들은 자아실현을 어떻게 말하던?"

"은주는 교육자가 꿈이고 미정이는 피아니스트가 꿈이래요. 은주는 아버지 영향을 많이 받은 것 같아요. 은주 아버지가 초등학교 선생님이에요. 은주는 항상 인간의 자유, 평등, 정의를 최초의 윤리 가치라고 주장하면서 그런 윤리 가치는 교육에 의해서만 실현 가능하다며 열변을 토해요. 은주는 나중에 훌륭한 교육자가 될 것 같아요."

"미정이는? 미정이가 고액 피아노 레슨을 받는다 그랬지?"

"네, 그렇다고 하더라고요. 집안 형편이 넉넉해서 그런지 고액 레슨도 받을 수 있는 것 같아요. 그런데 미정이 말로는 자기가 피아노를 배우는 건 부모님이 하라고 해서라고 하더라고요. 피아니스트가 꿈인 것도 부모님 때문이라고 했어요. 사실 자기는 별다른 꿈이 없고 나이들어 결혼해서 가정을 이루고 좋은 엄마이자 아내가 되고 싶대요."

"보기랑은 다르구나. 그런데 진아야, 요새 수많은 아이돌 그룹이 있지? 헤아릴 수 없는 청소년들이 아이돌 그룹에 환호하면서 자기들도 언젠가는 아이돌 그룹의 멤버가 되어 무대에서 신나게 노래 부르면서 우레와 같은 갈채를 받겠다는 꿈을 키우는데, 진아는 어떻게 생각하니?"

"엄마, 사실 저도 그게 참 이상해요. 저를 비롯해서 우리나라 청소년들은 창조성, 비판 정신, 자발성, 응용력 등이 다소 부족하잖아요. 엄마가 자아를 경험자아와 이상자아로 구분했지요? 저는 그것을 현실자아와 이상자아로 구분하고 싶어요. 청소년들이 이상자아(자아이상)를 창조성, 비판 정신, 자발성, 응용력 등에 맞추고 그것을 실현하려고 부단히 애쓸 때 비로소 개성 있는 청소년이 되는 거라고 생각해요.

예를 들어 일부 아이돌의 경우에는 정형화된 틀대로 혹독한 트레이닝을 받으면서 그 시스템에 갇혀져서 만들어지기도 하잖아요. 너무 이른 나이에 다른 평범한 청소년들처럼 다양한 경험을 할 수 없으니 어쩌면 인격 형성에도 영향을 미칠 것 같아요. 저는 문화산업주의와 미디어 산업이 결합해서 만들어낸 대표적인 문화상품이 바로 아이돌 그룹이라고 생각해요."

청소년들의 자아실현의 윤리적 가치는 과연 어디에 있을까? 청소년들은 아직 사회적으로 그리고 인격적으로 미성숙한 단계에 있기 때문에 그들의 자아실현의 윤리적 가치는 뭐니뭐니해도 성숙한 인격적 주체에 있을 것이다. 청소년들은 비판 정신의 훈련과 아울러 창조성의 교육 그리고 응용력과 자발성에 대한 부단한 연습을 통해서만 그들의 자아실현을 완성할 수 있을 것이다.

청소년들은 가정과 사회와 나라의 기둥이며 줄기다. 청소년들의 자아실현이 군건하고 건강해질 때 나라의 앞날도 밝아진다.

5

십 대들에게 비판 정신이
필요한 이유는?

많은 사람이 비난과 비판을 혼동하는데, 우리는 비난과 비판을 구
분해야 한다. 성경에도 '비판하는 자는 비판받는다'는 구절이 있는데
이것은 '비난하는 자는 비난받는다'는 문장으로 바뀌어야 문맥이 통
한다.

"남의 잘못을 너무 그렇게 비판하지 마세요. 결국에 가서는 당신
도 무사하지 못하고 오히려 더 크게 비판받을 거예요."
"비판처럼 쉬운 것은 없다. 그렇기 때문에 사람들은 조금이라도 남
의 흠을 발견하면 비판에 총력을 기울인다."

위와 같은 말들은 비난을 비판으로 잘못 이해하고 사용한 경우다.

비난은 어떤 사람의 행동이나 말을 나무라는 것이다.

"옷 입은 꼬락서니하고는……. 도대체 학생이면 학생답게 입어야지. 치마가 왜 그렇게 짧아? 머리카락에 웬 염색은……. 참 한심하구나!"

"애야, 너 왜 그렇게 버르장머리가 없니? 부모한테 용돈을 달라고 할 때도 얼마만큼 왜, 어디에 필요하니까 달라고 해야지. 오늘 당장 살 게 있으니 돈 내놓으라고? 그런 태도로 달라고 하면 절대로 줄 수 없어."

위의 말들은 비난이 어떤 것인지를 잘 보여준다. 어떤 사람들은 세상에서 남을 흉보는 일처럼 재미있는 것이 없다고 한다.

"쟤 좀 봐. 짜리몽땅한 것이 모양을 낸답시고 비싼 신발에 화려한 치마를 그것도 아주 짧게 입고 창피한 줄도 모르고 으스대며 다니다니, 참 꼴불견이야."

"저 탤런트는 정말 못 말려. 아예 대사를 읽어요, 읽어. 얼굴만 좀 반반한 거 빼면 뭐 볼 게 있어야지?"

남을 흉보는 것은 남을 비난하는 것과 같다. 사람들은 남을 비난하면서 일종의 쾌감을 느낀다. 비판은 비난과는 전혀 다르다. 어떤 사태 전체를 종합하고 또 분석해 그 사태에 대한 가치 평가를 내리는 작업이 비판이다. 따라서 비판 정신은 무엇보다도 철학의 기본이다.

민철이와 선생님의 대화를 들어보자.

이마누엘 칸트
(1724~1804)
서유럽 근세철학의 전통을 집대성하고, 전통적 형이상학을 비판하며 비판철학을 탄생시킨 독일의 철학자. 『순수이성 비판』, 『실천이성 비판』, 『판단력 비판』 등을 집필

"선생님, 칸트*의 순수이성비판이라는 말에서 비판은 어떤 의미인지 알고 싶습니다."

"그럼 민철아, 순수이성이 뭔지 아니?"

"정확히는 모르겠지만, 실천이성에 대립되는 것 아닌가요?"

"좀 더 자세히 설명하자면, 칸트는 인간의 능력을 이론적인 것과 실천적인 것 그리고 이들 양자를 종합하는 것, 이렇게 크게 세 가지로 봤어. 그래서 이론이성, 실천이성 그리고 판단력이라는 개념들이 있는 거란다."

"그럼, 그 세 가지 개념을 이론능력, 실천능력, 판단능력 이렇게 바꿔 말해도 될까요?"

"그래. 그렇게 바꿔 말하니까 칸트의 개념들이 쉽게 설명되는 것 같구나. 자, 그럼 아까 이야기로 돌아가서 순수이성비판이라고 할 때의 비판이 무엇인지 알겠니?"

"그건 이론능력을 나쁘다고 비난한 게 아닐까요?"

"민철아, 비난은 다분히 감정적인 측면이 있는 거야. 칸트는 합리적이고 명철한 철학자니까 자기 저서에서 특정 인물이나 어떤 사태를 비난하지는 않았겠지?"

"그렇군요. 그럼 선생님, 비판과 비난은 어떻게 다른가요?"

"일단 비난은 흠을 잡고 흥보는 거라고 생각하면 쉽겠구나."

"그런데 비판도 흠을 잡는 거 아니에요?"

"그럼, 이런 질문을 한번 해볼까? 우리나라 청소년들한테 부족한 면은 어떤 것들이 있을까?"

"창의력, 비판 정신, 자발성, 응용력 등이 부족하다는 말을 많이 들었어요. 제가 생각해도 맞는 말인 것 같아요."

"그렇지? 우리나라 청소년들에게는 '비난 정신'이 부족한 것이 아니라 '비판 정신'이 부족한 거야. 비난은 감정적인 측면이 강하기 때문에 우리는 비난 정신이라는 말은 쓰지 않아. 민철아, 자아와 비판 정신에 관해서 생각해 보렴."

"선생님, 어떤 심리학 책을 읽어보니까 '자기'는 경험적 자기와 이상적 자기로 구분된다고 하더라고요. 또 어떤 사람은 자기를 자아로 보고 자아에는 경험자아와 이상자아 두 측면이 있다고 했어요. 저는 경험자아는 현실자아이고 이상자아는 미래자아라고 생각해요. 결국 미래자아는 현실자아를 통해서 구체화되는 걸 테니까요."

"자아에 관해서는 많은 이론이 있지만 지금 네가 한 설명이 매우 설득력 있게 들리는구나. 그렇다면 그런 현실자아와 비판 정신의 관계는 어떨까?"

"청소년들의 현실자아를 말씀하시는 건가요?"

"그래, 청소년들의 현실자아는 어떤 비판 정신을 가지고 있지?"

"솔직히 말씀드려서 청소년들의 현실자아는 너무 일차원적이에요."

"일차원적이라니 무슨 뜻이지? 너무 편파적이라는 뜻이니?"

"예. 일반적으로 중학생부터 고등학생까지 대부분의 청소년은 사실 입시 스트레스에 짓눌려 있어요. 오죽하면 대학교에 합격하기 전까지는 놀지도 말고 즐기지도 말라는 말이 있을 정도니까요. 선생님, 저는 우리 청소년의 영혼이 일그러질 대로 일그러진 것 같아요."

"아니, 왜 그렇게 생각하니? 너희들의 영혼은 그야말로 희망에 차 있고 순수한데?"

"그런 면도 있긴 있지요. 하지만 청소년 대부분은 자기가 원하는 꿈을 스스로 찾기 어려운 교육환경에 놓여 있잖아요. 사회가 알아주는 그럴듯한 직업을 얻기 위해 일류대학을 목표로 밤낮으로 학교와 학원에 갇혀서 공부만 하잖아요. 결국 그런 게 다 출세지상주의와 황금만능주의가 낳은 결과 아닐까요? 그리고 SNS나 방송 등을 보면 우리나라 사람들이 유독 외모로 사람의 등급을 나누는 것 같다는 인상을 받았어요. 그래서 친구들 중에는 중학교나 고등학교 때 남들과 비교되지 않기 위해서 성형도 하고 그러더라고요. 그런 게 다 외모지상주의가 만든 사회 분위기인 것 같아요."

"그래도 민철아, 청소년들의 현실자아에는 비판 정신의 씨앗이 있잖니?"

"비판 정신의 씨앗은 뭔데요?"

"자기반성 내지는 자기성찰이 바로 비판 정신의 씨앗이란다."

"아, 맞아요. 저희는 하루에도 여러 번 자기 자신을 반성하고 때로는 심각하게 자기성찰의 시간을 가지기도 하거든요."

영아나 유아 등 어린아이들은 우물 안 개구리처럼 아직 자기중심적이므로 자기반성이나 자기성찰이 날개를 펴지 못하는 시기다. 어린아이들은 본능적 충동에 얽매어 있으면서 외부의 자극에 쉽게 반응하고 오직 외부의 사물에만 관심을 가진다.

그러나 청소년들의 자아는 이미 내면의 갈등을 보이면서 자기 자신과 갈등을 경험한다. 청소년들은 강하게 자아이상을 형성하고 그것을 현실자아로 실현하려고 애쓴다. 만일 청소년들이 이와 같은 상황에서 삶 전체를 바라보고 동시에 삶을 분석하여 미래지향적인 가치평가를 내리는 비판 정신을 가질 수 있다면 청소년들은 자기 자신의 갈등을 용감하게 해결할 수 있을 것이다. 비판 정신이야말로 청소년들의 자아를 창조적이며 역동적으로 만들어주는 힘이다.

6
주체성을
길러야 하는 이유

마르틴 하이데거
(1889~1976)
실존주의 철학자. 그의 철
학은 존재하는 것은 무엇
인가를 묻고, 존재를 스스
로 이해하는 인간의 존재,
즉 현존재의 분석으로부
터 시작한다.

하이데거와 같은 철학자는 일상적인 인간의 특징을 일컬어서 반복, 무의미, 지껄임, 호기심 등이라고 말했다.

다음 사람들의 이야기를 들어보자.

"어떻게 지내느냐고? 뭐 특별한 게 있겠어. 매일 그날이 그날이고, 하루하루가 그냥 똑같이 고달픈 나날들이고……. 뭐? 구체적으로 말하라고? 아침에 일어나서 간단히 아침을 먹고 지하철 타고 회사에 출근해서 사무실에서 이런저런 업무를 보다가 저녁에 또 지하철 타고 퇴근하는 거지. 그런 다음에 뭘 하느냐고? 저녁 먹고 텔레비전 보면서 가족들과 회사에서는 이런 일 저런 일 있었고 카드 대금이 뭐가 나왔고 이번에는 무슨 세금이 나왔고 등등 그런 이야기나 나누다가 잠자고……. 매일 그렇게 지내지 뭐."

"빨리 방학이라도 오거나 아니면 빨리 대학에 들어가거나 해야지. 이건 매일이 반복되는 고문이야. 고등학교에 올라오니까 대학입시 때문에 너무 스트레스 받는 거 있지? 거의 매주일 한 번씩 시험을 봐. 영어, 수학, 국어 각 과목마다 학교 숙제에 학원 숙제에……. 숙제는 왜 그렇게 많이 내주는지 모르겠어. 정말 다람쥐 쳇바퀴 도는 식인데, 우리로 말하자면 다람쥐보다 못하다고. 다람쥐야 맨몸으로 돌면 되지만 우리는 무거운 짐을 잔뜩 짊어졌으니 말이야.

대학 입시 제도가 바뀌어야 해. 어른들도 우리만큼 아니 우리보다 어렵게 대학 입시를 치렀을 텐데 왜 이 번잡히고 인간성 망치는 대학 입시를 확 뜯어고칠 생각을 안 하는 거지? 학생들이 정말 원하는 전공학과에 들어갈 수 있게 입시 제도를 고치지 않으면 학생들의 얼굴만 바뀔 뿐 모든 학생들은 다람쥐 쳇바퀴 돌듯 살아야 해."

반복하는 일상성은 상당히 무의미하게 느껴지기 때문에 사람들은 이렇게 말하기도 한다.

"어떤 때는 내가 스스로 판단하고 행동하는 독립적인 모습이 전혀 없는 사람이라는 생각이 들어. 왜냐고? 내가 인간이라면 적어도 주

체성이나 자발성을 가지고 나 자신의 고유한 개성을 창조했어야만
하는 게 아니냐고? 그런데 나는 뭐야? 매일 반복되는 일상만 살아왔
어. 그러니 나라는 존재는 물론이고 내 삶 자체도 무의미한 것이 아
니겠어?"

"그래 맞아. 나도 그래. 나도 남들이 하는 대로 따라만 했지 내 고
유한 삶을 살아오지 못했어. 매 순간순간이 보람 있을 리 없고 무의
미할 뿐이야. 무의미하다 못해 허수아비 같다는 생각마저 들어."

반복하는 삶은 이런 무의미한 말로 표현된다.

"너는 왜 매일 똑같은 소리를 지껄이니? 하루도 안 쉬고 공부가 힘
들다느니, 용돈이 적다느니, 부모님과 선생님의 잔소리가 심하다느니
하루도 쉬지 않고 지껄이는구나. 반복되는 무의미한 지껄임 말고 비
판적이고 창의적이면서 또 자발적인 대화나 담론은 도저히 불가능한
거니?"

"아버지는 매일 반복해서 저만 보면 비판 정신, 창의성, 자발성이
부족하다고 꾸짖으시는데 그런 반복되는 꾸짖음도 역시 무의미한 것
같아요. 솔직히 우리 청소년들은 매일매일이 지옥 같다고요."

일상성의 반복, 무의미, 지껄임 등은 매몰되어 살아가는 우리에게
가장 강력한 동기로 외부에 대한 호기심을 일으킨다. 더구나 일차원
적인 호기심에 젖은 인간 존재는 순간적으로 쾌감이나 즐거움을 추

구하지만 그것을 경험한 후에는 다시 무의미한 허무의 늪으로 빠져들고 만다.

"오늘 기사 봤어? A 아이돌 보니까 살이 쫙 빠졌더라. 부러워. 어떻게 뺐을까? 성형한 걸까? 아님 약을 먹고 뺐을까? 너무 궁금해. 너네들도 그렇지 않아?"

"오늘 명숙이를 보니까 언제부터인지 명품 가방을 갖고 있더라. 하여튼 명숙이는 못 말려. 구두도 명품, 선글라스도 명품, 하다못해 볼펜도 유명 브랜드만 찾으니 다음엔 또 어떤 명품을 살지 궁금하군."

어떻게 보면 우리의 일상적인 삶은 무의미한 허무 속에서 끊임없이 허우적대다가 죽음의 암흑과도 같은 블랙홀 속으로 빨려들어 흔적조차 사라지고 마는 것인지도 모른다. 덴마크의 실존철학자 키르케고르는 무의미한 삶과 의미 있는 삶을 구분함으로써 절망에 빠진 인간을 위해 구원의 길을 제시하려고 했다.

키르케고르에 의하면 현실적인 인간 존재는 바로 실존이며 실존은 세 단계로 구분된다. 첫째 실존은 미적 실존이다. 미적 실존은 열정적이며 아름다운 성적 향락을 통해 절망과 허무에 빠진 인간을 구원하려 한다. 그러나 열정적이며 아름다운 성적 향락은 순간에 그치고 만다. 따라서 미적 실존은 인간을 구원할 수 없다.

미적 실존의 다음 단계는 윤리적 실존이다. 인간은 미적 실존으로부터 비약해서 윤리적 실존에서 구원을 찾는다. 서로 사랑하는 남녀는 결혼으로 참다운 인간 존재를 찾으려 하지만 곧 권태에 빠져 들고 만다. 그래서 윤리적 실존으로부터의 비약이 필요하다.

윤리적 실존 단계로부터의 비약은 종교적 실존이다. 키르케고르에 의하면 인간은 신앙에 의한 결단을 통해 신 앞에 섬으로써 자발성을 찾고 구원을 얻는다. 종교적 실존으로의 비약으로 인간은 존재의 자발성을 완성할 수 있다는 것이다.

진숙이와 어머니의 다음 대화를 들어보자.

"엄마, 엄마는 우리나라의 청소년들이 홀로 서기를 제대로 못한다고 하고 또 저한테도 홀로 서지 못한다고 자주 그러셨는데 홀로 서기는 자발성과 같은 거예요?"

"진숙아, 네가 오랜만에 옳은 소리를 하는구나. 홀로 서기나 자발성이나 자율성은 다 같은 말이야. 진숙이도 홀로 서기의 뜻을 잘 아니까 자기 자신을 알고 이제부터는 홀로 서기 위해 노력할 것 같아서 기쁘구나."

"엄마, 그런데 제가 아무리 홀로 서기를 하려고 해도 사회 분위기가 홀로 서기를 못하게 하고 있다는 거 알아요?"

"그게 무슨 말이니?"

"그러니까 제가 두세 시간 아르바이트 해서 용돈을 벌면서 공부도 할 수 있는 그런 환경이 전혀 되어 있지 않아요."

"그래, 그건 엄마도 알고 있어. 그러니까 어른들을 비롯해서 사회

전체가 청소년들의 자발성을 키워주기 위해 모두 각성하고 협력해야 하는 거지."

청소년들이 자발성을 가지기 위해서는 사회의 뒷받침도 필요하지만 우선 청소년들 자신이 자아의 주체성을 확실히 가져야 한다. 자아의 주체성을 확보하기 위해서 청소년들은 많은 시행착오와 다양한 경험을 거치면서 비판 정신을 키워야 한다. 비판 정신은 창의성과 아울러 응용력을 산출하는 원동력이 된다.

• 생각해 볼 문제 •

1. 일상적인 나와 본질적인 나는 어떻게 구분되는가? 다양한 측면에서 바라보는 나에 관한 견해들을 말해 보자.

2. 성격과 자기(자아)는 어떻게 다른가? 경험적 자아와 이상적 자아가 각각 어떤 것인지 이야기하고 이 둘의 관계에 대해서도 살펴보자.

3. 대학에 합격하기까지는 놀아서도 안 되고 즐겨서도 안 된다는 말을 비판적 입장에서 평가해 보자. 청소년들이 아이돌에 푹 빠지는 이유는 무엇일까? 자아와 사회의 관계에 대해 각자 의견을 발표해 보자.

4. 지성이면 감천이라는 말은 무슨 뜻일까? 각자 나름대로 생각하는 자아실현의 방법들을 제시해 보자. 자아실현의 윤리적 가치와 성숙한 인격적 주체는 서로 어떤 관계일까?

5. 비난과 비판은 어떻게 다른가? 청소년들에게 창의력, 자주성(자발성), 응용력 및 비판 정신이 부족하다고 하는데, 청소년들이 비판 정신을 회복하기 위한 방안을 모색해 보자.

6. 인간은 자발성 혹은 자주성을 가질 때 뚜렷한 개성을 지닌 사람이 될 수 있다. 자발성이란 어떤 것인지 그리고 어떻게 자발성을 가질 수 있는지 생각해 보자.

4장

세계는

평평할까

1
집안 vs 집안

사회의 양극화(兩極化)라는 말이 많이 들린다. 돈이나 권력, 지위가 가진 자와 못 가진 사에 따라 간격이 심해졌다는 말이다. 우선 시울이나 대도시와 지방의 양극화를 들 수 있고 다음으로 서울 안에서의 양극화를 들 수 있다. 수십억 원에 달하는 아파트에 살면서 억대 외제 승용차를 굴리는 사람들이 있는가 하면 하루 한 끼도 챙겨먹기 어려울 정도로 열악한 상황에 놓인 사람들이 있다.

'모든 인간은 평등하다'는 말은 많이 들어왔지만 현실에서 인간은 엄연히 불평등하다. 그렇다면 '모든 인간은 평등하다'는 말은 전혀 무의미한 말일까?

지은이와 어머니의 대화를 들어보자.

"엄마, 요새 애들 중에도 자기네 집안을 자랑하는 애가 있어요. 왜 두 달 전에 우리 집에 놀러 왔던 선미라는 애 있잖아요? 저 요새 그 애하고 안 다녀요. 처음에는 그래 보이지 않았는데 정말 별로더라고요."

"그래? 선미? 아, 기억나는구나. 피부가 하얗고 키도 늘씬하고 활달하던 그 애 말이지. 엄마는 선미랑 우리 지은이가 단짝인 줄 알았는데 그게 아닌가 보구나. 사이가 왜 벌어진 거니?"

"엄마, 글쎄 선미는 툭 하면 자기 아버지가 어느 대학 교수고 자기 할아버지는 옛날에 장관이었고 또 고조할아버지는 어떻고 그 이전의 조상은 조선 시대 무슨 우의정이었고 이러면서 자기 집안은 학력과 권력을 두루 갖추었다며, 자기 또한 집안의 영광이 되어야 한다나 뭐라나 그러면서 속사포처럼 떠들어대는 거예요. 어휴."

"그런 말은 듣기는 좀 그렇지만 선미네가 그 정도인 줄은 몰랐구나. 하기야 그 정도면 자랑할 만도 하겠다, 뭐. 그런데 지은아, 네 아빠는 집안 얘기만 꺼내면 기분 나빠 하니까 아빠 앞에서는 절대 그런 말 꺼내지도 마."

"저도 알아요. 아빠는 아무것도 없는 집안에서 자수성가해서 이제야 작은 사업체를 운영하고 있다는 걸 말예요. 그래도 저는 정말 힘차고 자신 있게 살아가는 아빠가 자랑스러워요. 아빠네 집안은 내세울 만한 것이 없고 엄마네 집안에는 그런대로 사회적 위치가 높으신 분들이 있으니 두 분이 결혼할 때 반대가 심했다는 것도 외삼촌한테서 다 들었어요. 하지만 저는 당사자 한 사람이 중요하지, 집안은 중요하지 않다고 생각해요."

"지은아, 사실 집안도 무시할 수 없단다. 결혼할 때 왜 상대방의 집안을 따지는지 아니? 물론 집안은 절대적인 것이 아니고 본인 당사자가 가장 중요하지만 그 사람이 과거에 어땠고 그 부모가 어떤 사람인지를 아는 것도 중요하다고 생각해. 엄마도 네 아빠가 훌륭한 사람이라는 건 잘 알지만 솔직히 집안에 대해서는 좀 아쉬움이 있단다. 어떤 사람을 볼 때 그 사람의 부모부터 보게 되는 게 당연한 일이니까 말이야."

"우리 엄마도 알고 보니 참 고리타분한 면이 있네. 지금이 어떤 시대인데 집안, 집안 하는 거예요?"

"지은아, 집안이 훌륭해야 자식들도 교양 있게 크고 제대로 배울 수 있으니까 집안은 역시 무시할 수 없다, 이 말이지."

"엄마가 말씀하시는 동안 저도 심사숙고해 보니 이런 것 같아요. 좀 더 깊이 말하자면 집안이란 유전자와 환경을 의미하는 것일 데고 엄마가 말하는 좋은 집안이란 훌륭한 환경에서 좋은 유전자를 가지고 태어나고 자라서 가치 있는 인간으로 성장할 수 토대를 말하는 거죠?"

"그래, 바로 그 말이야. 어때, 엄마 생각이 틀린 것 같니?"

"듣고 보니 일리가 있네요. 하지만 선미처럼 걸핏하면 집안을 들먹거리면서 조상 대대로 벼슬과 권력이 있었고 돈도 많았기 때문에 지금도 떵떵거리고 산다며 으스대는 걸 보면 걔네 집안은 사실은 별로인가 봐요. 집안이 가치 있는 것이 되려면 반드시 조건이 있어야 할 것 같아요."

"그래. 어떤 조건?"

"단순히 부나 지위가 아니라, 선행을 하고 인간의 자유를 추구한다면 그런 집안이야말로 훌륭하고 가치 있는 집안일 거예요."

사람들이 집안을 내세우는 것은 현재의 자기 자신을 돋보이게 하고 싶은 경우거나 아니면 현재의 불행한 상황을 보상받기 위해서인 경우가 많다. 집안을 내세우는 사람들은 대부분 훌륭한 집안에서 자신이 태어날 수 있었다는 것을 주장한다. 또 어떤 사람은 현재 자신이 불행할지라도 자신은 훌륭한 집안 출신이므로 언제든지 뛰어난 인물이 될 수 있다는 식으로 암시한다.

집안을 중시하는 사람들은 일반적으로 인간평등사상과는 거리가 멀다. 사람들이 흔히 말하는 훌륭하다 여기는 집안과 그렇지 못한 집안에 대한 인식 차이는 바로 인간불평등사상에 근거한 것이다. 선진 사회란 사람들이 물질문명의 혜택을 누리기 이전에 인간평등사상이 제도상으로 보장된 사회다. 보람을 가지고 살 수 있는 사회, 곧 도덕적 가치가 있는 사회는 적어도 시민의식에 인간평등사상이 성숙한 사회다.

2

사람을
계급으로 나눈다고?

인간불평등의 역사적 기원은 까마득한 시절로 거슬러 올라간다. 고대 국가들은 왕족과 귀족이 지배계급을 이루고 나머지는 평민과 노예로 구성되어 있었다. 고대 그리스의 아테네만 해도 2~4만 명의 아테네인들이 있었는데, 소수의 지배계층과 시민, 노예들로 구성되었다. 우리나라의 경우 특히 조선 시대에 양반과 상민의 구분이 확연했다.

양반과 상민에 대한 진아와 아버지의 이야기를 들어보자.

"아빠, 조선 시대 양반과 상민은 사회 제도적으로 완전히 구분되어 있었잖아요. 아무리 돈이 있고 스스로 실력을 쌓아도 양반이 될 수 없었고, 한 번 천민이면 대를 이어 천민이 되고 말이에요. 어떻게 그런 제도가 있을 수 있었을까요?"

"너도 잘 알다시피 진아야, 조선 시대 계급 차별은 아주 엄했다고 봐야 해. 아마도 계급 차별은 삼국 시대까지 거슬러 올라갈 거다. 이른바 왕족이나 귀족만이 성(姓)이 있었고 일반인들과 노예들은 성도 없었다는구나. 그런 전통이 조선 시대까지 내려오다가 조선 말기 갑오경장(甲午更張) 이후 모든 백성이 성을 가지게 되었단다. 예를 들어 갑오경장 이전의 백성들은 대부분 점순이, 막동이, 개똥이 등의 이름만 있었고 김 씨니, 박 씨니, 이 씨니 하는 성은 없었다는 거지."

"갑오경장은 굉장한 사건이죠. 조선조 26대 왕 고종 31년, 곧 1894년 갑오년(甲午年)에 개화파인 김홍집 등이 민비 일파의 사대(事大) 세력을 배척하고 서양식의 새 국가 체제를 세우려는 정책 208건을 의결한 사건이 바로 갑오경장이잖아요. 가장 중요한 내용으로는 사민(四民) 즉, 선비(士), 농부(農), 장인바치(工), 장사아치(商) 등 네 부류의 백성은 법적으로 평등하며, 평민도 관리에 등용될 수 있고, 노예 문서를 폐지하며 인신매매 금지를 법률로 정한 것을 들 수 있어요. 당시 국내 정세로 볼 때 이건 정말 혁명적인 사건이었을 거예요."

"잘 알고 있구나. 요새 양극화, 곧 가진 자와 못 가진 자의 격차가 너무 심하게 벌어지고 있는데 이것은 이미 조선 시대 이전부터 있었던 문제란다. 더 큰 문제는 시간이 지날수록 양극화가 더 커진다는 데 있지."

"그러니까 우리나라에서도 인간불평등의 역사는 매우 오래되었군요. 조선 시대만 해도 왕족과 양반들이 모든 권력을 휘두르고 재력을 독식했던 게 분명해요. 평민은 관리가 될 수 없었고 노비들은 아예 공공문서에 기록되어 있어서 대대로 노비 신세를 면할 수 없었어요. 평등사상이 법률로 정해진 것이 겨우 120년도 안 되었으니 아직도 사회 곳곳에 불평등이 뿌리 깊게 박혀 있을 수밖에요."

"아빠도 율곡*(이이) 선생의 재산을 나누는『분재기(分財記)』를 한 번 읽어본 일이 있는데, 양반들은 자손에게 재산을 물려줄 때 집과 논밭 그리고 노비들도 함께 물려주었더구나. 노비들은 인간이 아니라 양반의 재산목록 중 일부였던 거야."

이이(1536~1584)
조선의 문신이자 성리학자. 호는 율곡(栗谷)이다. 성리학에서의 이기일원론을 밝힌 업적이 있다.

"아빠, 인류의 역사를 보면 아주 흥미로워요. 그래서 저도 인류의 발자취를 살피기 위해서 역사책을 읽고 또 인류의 사고방식을 알기 위해서 철학책을 들춰보곤 해요. 역사 초기에 대부분의 민족들에서는 제정일치(祭政一致) 형식으로 지배계층이 백성들을 다스렸어요. 결국 힘의 논리가 아닐까요?"

"지배계층과 피지배계층, 곧 가진 자와 못 가진 자가 구분되는 이유는 학자들에 따라 다양하게 제시되고 있어. 예컨대 프랑스의 실증주의 철학자 생시몽* 같은 사람은 처음에는 신학자(신부)와 철학자들이, 그 다음에는 법학자들이, 그리고 마지막에는 산업가들이 사회를 지배했다고 보았

생시몽(1760~1825)
프랑스의 사상가이자 경제학자. 사회의 발전에도 일정한 법칙이 지배한다고 주장했으나, 역사에 대한 관념론적 입장에서 벗어나지는 못했다.

단다. 그런가 하면 마르크스 같은 사람은 처음에는 원시 사회에서 사람들이 자급자족하다가 물물교환 시대로 사회가 발전했고, 그 후에는 봉건 제후 중심의 봉건 사회가 성립되었으며, 근대와 아울러 자본

가들이 지배하는 자본주의 사회가 나타났고, 자본주의 사회는 필연적으로 붕괴되고 미래에는 모든 인간이 노동자가 되어 스스로 생산한 것을 소유하게 되는 사회, 곧 모든 인간이 평등한 과학적 사회주의 사회(공산주의 사회)가 확립된다고 믿었단다."

"헤겔 같은 독일 철학자에 의하면 역사는 자유의 실현을 이념으로 가진다고 했어요. 제가 보기엔 인류의 역사는 인간평등의 실현을 이념으로 삼고 있는 것 같아요."

"그래, 평등과 자유는 분리될 수 없어. 인간이 평등하다는 것은 개개의 인간이 자유롭기 때문에 그 점에서 평등하다는 의미니까 말이다. 평등을 수학적 평등으로 잘못 생각하기 쉬운데, 인간이 자유롭다는 것은 각 개인들이 자신의 인격에 따라 의무와 책임과 권리를 지녀야 한다는 것이기도 하단다."

"결국 인간이 자유롭다는 것은 개개인이 자유의지, 곧 양심에 따라서 행동할 수 있다는 것 아닐까요?"

"역시 내 딸 진아구나. 너무도 분명히 핵심을 찔렀다."

인간이 충동과 이성이라는 두 개의 수레바퀴로 역사를 굴려가는 상황에서는 인간불평등은 영원히 사라지지 않을 것이다. 그렇다면 이와 같은 불평등을 해소할 방법은 전혀 없을까?

인간들은 현실적으로는 불평등하지만 본질적으로는 자유의지를 가지고 있다는 점에서는 평등하다. 여기에서 우리는 인간의 현실적 평등에 대한 답을 찾을 수 있다. 즉 인간의 본질적 평등을 현실적 불평등의 해소에 응용하는 것이다.

인간은 이익 사회에서만 사는 것이 아니라 필연적으로 공동 사회에서 살 수밖에 없다. 이익 사회에서는 가진 자와 못 가진 자의 갈등이 심할 수밖에 없지만 공동 사회에서는 서로 배려하고 함께 살아가지 않으면 안 된다. 사회 제도상으로 모든 사람에게 이익과 권리에 대한 똑같은 기회를 준다면 현실적인 인간평등사상이 보장받을 수 있을 것이다. 결국 사회구성원들 각자가 얼마만큼 철저한 공동체 의식을 가지고 평등사상을 실천하는가에 따라 사회의 불평등은 사라질 수 있을 것이다.

3
가진 자와
가지지 못한 자

미국 서부영화를 보다 보면 흑인 노예들이 많이 나온다. 또 『바람과 함께 사라지다』라는 미국 남북전쟁을 배경으로 한 소설에도 흑인 노예들이 나오는데, 당시 흑인 노예들은 모습만 인간일 뿐 먹고 입고 일하는 데서는 정말 짐승보다 못한 존재로 취급되었다. 그뿐만 아니라 일을 제대로 못하거나 조금만 주인 마음에 안 들어도 온갖 학대를 당하고 심한 경우에는 살해당하기까지 했다.

민수와 선생님의 대화를 들어보자.

"선생님, 링컨 대통령은 정말 훌륭해요. 링컨 대통령이 미국의 남북전쟁을 종식시켜서 노예제도가 폐지되었으니 링컨이야말로 오늘날로 치면 노벨 평화상 감이 아니겠어요? 언젠가 〈뿌리〉라는 영화를 봤는데 그 영화를 보면서 치를 떨기도 했고 눈물도 많이 흘렸어요. 백인들이 미국 신대륙 개척에 부려먹으려고 아프리카에서 아예 노예사냥을 했더라고요. 수십 명에서 수백 명에 달하는 노예들의 손과 발을 쇠사슬로 묶어서 감옥 같은 곳에 가두었다가 큰 배에 실어 미국에 데려가서 팔아버리는 거예요. 짐승처럼 팔려간 흑인 노예들은 온갖 노동에 시달려야 했어요. 많은 흑인들이 사냥당하고 배에 실려가는 과정에서 노동과 학대를 당해 통계조차 내기 힘들 정도로 죽어 갔다고 해요."

"그래, 민수야. 아메리카 흑인들의 역사를 보면 인간이 어쩌면 그토록 잔인할 수 있을까 하는 생각이 드는구나. 백인들은 단지 문명이 뒤처지고 피부색이 다르다는 이유로 흑인들을 짐승 다루듯 했으니 참으로 기가 막힌단다. 스페인, 포르투갈, 영국, 네덜란드, 프랑스 등의 백인들은 기독교인들이고 하느님이 모든 인간을 창조했다고 믿으면서도 노예사냥을 해 흑인 노예들을 물건처럼 사고팔고 짐승처럼 부려먹었지. 그들의 역사를 생각하면 정말 치가 떨린단다."

"꽤 오래전에 어떤 잡지에서 남아프리카공화국의 한 백인 소녀가 흑인에 대해 하는 이야기를 읽었어요. 아마 대다수 백인들은 노예사냥 시대의 그 남아프리카공화국 소녀와 같은 생각을 갖고 있었을 거예요. 그 소녀가 흑인 하녀를 막 대하고 짐승처럼 부려먹는 것을 보고 한 외국인이 물었대요.

'애, 흑인도 인간이잖니? 같은 인간을 어떻게 짐승 부리듯이 하니?'

그러자 그 백인 소녀가 대답했대요.

'물론 흑인도 인간이지만 백인과 똑같은 인간은 아니에요.'

선생님, 그 소녀는 흑인을 인간보다 짐승에 더 가깝다고 생각했을지 모르지만, 사실 당시 백인 남성들과 현지 여성들 사이에서 무수히 많은 혼혈아가 태어났잖아요. 그러면서도 어떻게 흑인들을 물건처럼 사고팔고 짐승처럼 부려먹을 수 있었을까요? 그런 걸 보면 인간의 위선적인 면이 극단적으로 드러나는 것 같아요."

"그래, 인간은 본래부터 부끄러움을 안다는 말이 있지만 사실은 부끄러움을 모르는 인간들이 너무 많단다. 도덕적 가치는 전혀 염두에도 없고 오로지 권력과 힘을 가지고 사람들을 수단으로 삼아 자기 자신만의 부귀영화를 누리려는 것이 인간의 한 속성인지도 모르겠구나. 그래서 홉스라는 영국 철학자는 '인간은 모든 인간에 대해 늑대이다'라고 말했단다. 홉스는 더 나아가 이 사회는 '만인의 만인에 대한 투쟁'으로 가득 차 있다고 했단다. 물론 철학자 대부분은 중국의 맹자처럼 인간의 본성을 선하다고 봤지만 홉스는 순자처럼 인간의 본성이 악하다고 본 거지. 흑인 노예들의 불행했던 삶을, 그리고 지금도 암암리에 행해지는 인신매매, 인간 학대 같은 일들을 생각하면 인간의 본성은 정말이지 악한 게 아닐까, 하는 생각이 든단다."

"인간의 본성이라는 게 과연 있을까요? 오랜 진화과정을 거치면서 그리고 복잡한 사회 환경의 영향을 받으면서 이른바 인간의 본성이라는 것이 형성된 것이지, 원래 처음부터 변하지 않는 인간의 본성이라는 게 있었던 건 아니라고 봐요."

"선생님도 그렇게 생각한다. 옛날에는 동서양의 사상가들 모두 인간에게는 불변하는 본성이 있다고 믿었지. 하지만 요새같이 개별 학문이 다양하게 발달한 시대에서 보면, 우리는 인간의 본성이라는 말 대신 인간의 행동이나 행위라는 말을 쓰는 게 맞을 것 같다.

어쨌든 인간의 이중적 성격, 곧 이기심과 이타심 그리고 이것에 맞물려서 이익 사회와 공동 사회의 갈등은 인간의 커다란 문제야. 주인과 노예의 극심한 계급 차별도 바로 이기심과 이익 사회의 산물이니까 말이다."

"그렇다면 선생님, 모든 인간에게는 이기심이 있고 자기 이익을 취하려 할 텐데 아무리 그러고 싶어도 힘이 없는 사람은 약자 입장이 되기 쉽잖아요? 결국은 힘의 문제네요."

"민수야, 그럼 힘이란 뭘까?"

"힘은 곧 정치적 권력과 경제적 부이지요. 그리고 최근에는 정보와 아이디어고요. 그래서 부모들이 너도나도 자식들을 일류대학에 보내려 하고, 특히 의학이나 법학 또는 최첨단 공학이나 경영학을 전공하게 해서 힘을 갖기를 간절히 바라는 거 아닐까요? 사람들은 누구나 사회에서 노예가 되지 않고 자기가 주인이 되기 위해서 치열하게 경쟁하고 있는 거예요."

"그래 민수야, 그 말을 들으니 숨이 막힐 것 같구나. 그래서 현대 사회의 인간성 상실이니 인간성 소외니 그런 말들이 생겨난 거겠지. 개인의 이타심과 아울러 공동 사회의 의식을 현실에서 실현할 때 우리는 곧 가진 자와 가지지 못한 자의 격차를 좁혀갈 수 있단다. 이타심과 공동체 의식*을 가지고 이기심과 이익 사회의 의식을 약화시켜

나가는 것이 우리의 의무겠지."

사회의 약자가, 다시 말해서 배우지 못하고 가지지 못하고 먹지 못하는 개인이 아무리 신분 상승을 위해 발버둥 친다 해도 지금과 같은 사회구조에서는 의미가 없다. 인간의 자유와 평등에 대한 의식, 다시 말해서 민주주의 가치관이 실현되지 못하는 사회에서는 과거의 신분 갈등이 재현될 뿐이다.

우선 사회 제도상으로 개인의 자유와 인간의 평등이 보장될 수 있어야 한다. 그러기 위해서는 유치원부터 대학에 이르기까지 철저하게 민주주의 가치관에 대해 교육을 시켜야 한다. 내가 존재하는 것은 타인들이 존재하기 때문에 가능한 것이며, 나와 남은 공동체 안에서만 생존한다는 사실을 현실적으로 인식할 때 우리는 타인을 단지 수단으로 대하지 않고 목적으로 대할 수 있는 것이다. 열린 삶과 사회는 오직 이타심과 공동체 의식에 의해서만 이룰 수 있다.

4
직업에
귀천이 있다고?

우리나라 사람들이 하기 싫어하고 피하는 3D 업종이 있다는 것은 누구나 알고 있다. 3D 업종은 더럽고(dirty), 위험하고(dangerous), 어려운(difficult) 직업들을 일컫는다. 3D 직업을 일일이 열거하라면 무수히 많겠지만 공통적인 것은 열악한 환경에서 너무 힘들게 노동을 해야 한다는 사실이다.

진욱이와 병수의 직업에 대한 대화를 들어보자.

"병수야, 나는 조각가가 될 거야. 우리가 대학에 가려면 아직 1년 하고도 6개월이 더 남았는데, 나는 가능하다면 2년제 대학 조각과에 가서 1년 정도 공부한 후에 독일로 유학을 가려고 해."

"진욱아, 너는 그림도 잘 그리고 전국 대회에서 상도 많이 받았으니 당연히 일류대학 미술학부에 진학할 줄 알았는데 2년제 대학에 들어가서 1년만 다니다가 독일로 유학을 간다니 의외인데?"

"내가 중학교 때부터 다니는 성당 신부님께서 오래전에 내 그림 실력을 보시고는 조각에 관심이 없느냐고 물으시더라고. 그때까지 나는 그림만 그렸지 조각에 대해서는 관심을 가져본 적이 없었거든. 그런데 배워보니 확 끌리는 거야. 그래서 요새는 조각도 배우는데 얼마나 재미있는지 몰라. 그 신부님께서 성당 조각을 전문으로 가르치는 학교에 나를 추천해 주시겠대. 독일의 가톨릭 기관에 속하는데 학비는 무료고 기숙사에서 생활하면서 6년간 이론과 실기를 철저하게 공부할 수 있대."

"그래도 나 같으면 일류대학 미술학부를 졸업하고 프랑스나 이탈리아에 유학 갔다 와서 대학교수랑 화가를 겸할 것 같은데……."

"그래서 병수 너는 돈과 명예를 다 갖춘 직업을 택하기로 한 거야?"

"응, 그래서 나는 경제학과에 진학할 거야. 그리고 대학을 졸업한 다음에는 법학 대학원이나 아니면 경영학 대학원에 갈 거야. 내 희망은 둘 중 하나야. 변호사가 되거나 아니면 전문경영인이 되는 거지. 나는 정당하게 돈과 권력을 가질 수 있다면 그 길을 택하겠어. 너도 알다시피 우리 집안이 좀 힘들잖아. 아버지는 초등학교 선생님으로 우리 3남매를 키우시느라 너무 힘들어 하셨고 우리 어머니도 계속 일을 하셔야 했어. 나는 집안을 일으키기 위해서라도 최선을 다해 공부하지 않을 수 없었어. 솔직히 말해서 진욱이 너네 집안과 우리 집안은 비교가 안 되지. 너네 아버지는 큰 음식점 사장님이잖아? 네가 앞으로 유학을 가고 조각가가 되겠다고 하는 것도 다 뒤가 든든하니까 그런 거 아냐? 나는 반드시 돈과 권력을 다 가질 거고 그렇게 해서 우리 집안을 일으켜 세울 거야."

"너는 어째 직업에 귀천이 있다고 생각하는 것 같다?"

"말로야 직업에 귀천이 없다고들 하지만 사실은 아니잖아. 다 그냥 하는 소리 아니겠어?"

"인간이 평등한데 직업에 귀천을 따진다면 모순 아니야?"

"진욱아, 나는 현실주의자야. 솔직히 말해서 인간은 원래부터 불평등하게 태어난다고. 인간평등사상은 희망 사항일 뿐이지. 못 가지고 억눌린 사람들이 자기들도 가진 자가 되고 싶으니까 인간평등을 외쳐대는 거라고. 현실을 한번 봐. 태어날 때부터 힘이 약한 사람이 있는가 하면 힘이 센 사람도 있어. 그러니까 인간이란 태어날 때부터 평등하지 않다고. 약육강식이 세상 만물의 법칙 아니겠어? 인간도 결국 그 법칙을 벗어날 수 없는 거라고.

물론 가진 자나 못 가진 자나 다 인간평등을 외쳐 대지. 왜 그런지 알아? 약한 자는 강한 자가 되고 싶어서 그러는 거고, 강한 자는 겉으로만 약한 자를 배려하는 척 인간평등을 외치는 거야. 하지만 말이지, 강한 자는 자기는 항상 강한 자로 남을 거라고 확신하고 있는 거야."

"병수야, 나는 본질적으로 인간에게는 누구나 생명과 자유의 권리가 있다는 점에서 평등하다고 생각해. 인간 세상에 존재하는 모든 직업은 서로의 생존에 필수적이기 때문에 다 귀한 거야. 그러니까 직업에는 귀천이 없다는 거지. 모든 직업은 다 고귀한 거야."

직업에 귀천이 있을까? 이것은 많은 생각을 하게 하는 물음이다. 이기주의와 이익 사회에 물들어 있는 사람이 볼 때는 직업에 귀천이 있을 수 있다. 자기에게 부귀영화를 가져다주고 이익이 되는 직업은 귀한 것일 테고 그렇지 못한 직업은 천할 것이다. 선진화되지 못한 사회는 이기주의와 이익 사회에 익숙하기 때문에 권력을 가진 국회의원이나 고위관리 그리고 돈 잘 버는 전문직 등을 귀한 직업으로 여긴다. 반면에 기술직 관련 직업이라든가 고된 육체노동을 해야 하는 직업들은 덜 귀하게 여긴다.

그러나 우리 사회는 모두 함께 사는 사회이며 각자의 직업이 있어야 형성되고 유지될 수 있다는 의식, 즉 공동체 의식이 있어야 우리는 열린 가치관을 갖게 된다. 이런 의식이 있어야 진정으로 직업에는 귀천이 없음을 알게 될 것이다.

인간은 누구 할 것 없이 모두 고귀한 생명체고 인간의 다양한 직업들도 마찬가지로 고귀하다. 그러므로 직업에 귀천이 있을 수 없고 있어서도 안 된다.

5

자유와 평등은
어떻게 실현될까

　우리 인간이 자유와 평등을 의식하고 이를 실현하기까지는 매우
긴 시간의 역사가 필요했다. 물론 원시 기독교와 불교에서는 만민평
등사상을 이야기했지만 기독교와 불교 조직에서조차 계급의식이 오
랫동안 존속했다. 또 고대 그리스의 스토아철학에서도 인류평등사상
을 이야기하긴 했어도 철학적 이론으로 그치고 말았다.

　그리스의 아테네 같은 도시국가에서도 시민의 자유와 평등이 어느
정도 보장되었지만, 시민들을 제외한 수많은 노예에게는 자유와 평
등이 전혀 보장되지 못했다. 자유와 평등은 왕족과 귀족들의 전유물
이었다. 로마 시대에 들어서도 정치·경제·사회·문화적 자유와 평등
은 여전히 왕족과 귀족 그리고 로마 시민들에게나 해당하는 것이었
고 무수한 노예나 이민족에게는 적용되지 않았다. 경제적 봉건 시대

를 9세기부터 16세기라고 볼 때 이 시대의 인간의 자유와 평등은 그 야말로 암울했다. 봉건 영주와 귀족들 그리고 로마교황과 성직자들 은 온갖 자유와 평등을 누렸으나 소작농과 농노 들은 자유와 평등은 꿈도 꾸지 못할 뿐만 아니라 그야말로 어둠 속에서 살아야 했다.

르네상스 이후 17세기에 접어들어 시민의식이 싹트기 시작하고 상 인계층의 출현과 아울러 시민계급이 형성됨으로써 본격적으로 인간 의 자유와 평등이 대두되기 시작했다.

진아와 아빠의 대화를 들어보자.

"진아야, 서양에서 인간의 자유는 프랑스 혁명 이후에 비로소 실현 되었단다. 시기로 보면 18세기에 들어와서야 개인들의 정치·경제적 자유가 프랑스, 영국 등에서 보장되기 시작한 셈이지. 그러면 우리나 라에서는 언제부터 개인의 자유와 평등이 사회적으로 실현되기 시 작했는지 아니?"

"예, 아빠. 갑오경장 이후부터예요. 그 이전에는 조선왕조가 정권을 갖고 있으면서 양반과 상민의 구분이 명확했고 또한 사(士), 농(農), 공(工), 상(商)의 직업도 뚜렷했지요."

"그래, 진아야. 출장 차 중국이나 일본에 몇 차례 가보니까 한국, 중 국, 일본은 일류대학을 최고로 치고 게다가 아직도 신분 의식이 매우 강한 것 같더구나. 서양이나 아시아의 다른 나라들에서는 반드시 일 류가 되기 위해서 입시학원엘 다니고 고액 과외를 하는 일이 별로 없 는 것 같은데 말이다. 우리나라나 일본에서는 판검사, 변호사 또는 고위직이 되면 일단 출세한 사람인양 행세하잖니.

"아빠, 그건 아무래도 옛날 과거제도* 때문인 것 같아요. 양반의 아들들만 과거에 응시할 수 있었고 일단 과거에 붙으면 관리로 등용되어 출셋길이 열리는 거였잖아요. 그래서 요즘도 일류 대학이나 사법 시험, 의사고시 등을 과거제도처럼 여기고 출세의 등용문으로 생각하는 것 같아요. 그러고 보면 전통이란 참 무서운 거예요. 학생들 사이에도 일류학원, 일류 고액과외를 해야 좋은 대학에 들어갈 수 있고 그래야 남들보다 성공할 수 있다는 의식이 팽배해요. 이런 것들은 타인에 대한 배려라든가 공동체 의식이 점점 사람들에게 상당히 결여되어 있음을 말해 주는 거예요."

"진아 말이 맞다. 아빠도 저절로 한숨이 나는구나. 어떻게 보면 서로 치열하게 경쟁하고 남보다 높이 오르고, 남보다 빨리 달리고 또 남보다 많이 가지려고 바쁘게 움직여야 숨 막히는 세계 경쟁에서 살아남을 수 있을 테니 그럴 수도 있겠지만, 여기엔 큰 문제가 숨어 있어.

인간의 자유와 평등이야말로 인간을 인간답게 만드는 가장 기본적인 도덕적 가치란다. 그런데 우리가 자유와 평등에 대한 의식 없이 단지 눈앞의 순간적인 문제에만 매달린다면 우리는 결코 사회적 복지는 물론 사회적 평등도 실현할 수 없단다.

자유와 평등을 실현하기 위해서는 엄청난 대가를 치르지 않으면 안 된단다. 영국의 명예 혁명*이 성공하기까지 그리고 프랑스 혁명이 성공하기까지 영국인들과 프랑스인들은 말할 수 없는 대가를 치렀어.

과거제도
유교가 지도이념이던 나라에서 유교 경전을 바탕으로 관리를 선발하던 국가시험제도.

무수한 노동자, 농민, 노예 그리고 시민들이 목숨을 내걸고 끊임없이 저항했기 때문에 결국 혁명을 완수하고 자유와 평등을 획득할 수 있었지."

"아빠 말을 들으니까 많은 생각을 하게 되네요. 갑자기 프롬*이라는 철학자가 말한 '자유로부터의 도피'가 생각나요. 그게 도대체 무슨 말이에요? 모든 사람이 자유를 얻으려고 하는데 무슨 뜻으로 '자유로부터의 도피'라는 말을 한 거예요?"

"자유란 자신의 의지로 결단해서 행동하는 상태를 말한단다. 그런데 현대 사회는 모든 것이 자동화되어 있고 기호나 부호로 되어 있지. 마치 군대의 사병이 상관의 명령에 따라 로봇처럼 행동하듯 사회에서도 사회 제도에 따라 로봇처럼 움직이고 일하는 것에 사람들이 익숙해져 있어. 따라서 그렇게 행동하는 게 편한 거야. 그러다 보니 스스로 결단해야 할 때는 두려움이 앞서고 따라서 자유로부터 도피하지 않을 수가 없다는 뜻이지."

인간의 자유와 평등을 사회에서 실현하기 위해서는 민주주의 교육이 절실히 요구된다. 황금만능주의 및 물질만능주의가 우리 사회에 팽배하다는 것은 결국 인간의 마음이 이기주의에 물들어 있다는 뜻이다. 우리는 눈앞의 물질적 욕망을 충족하기 위해 동분서주하느라 과거를 망각하고 주변을 살펴보지 못하며 게다가 먼 미래를 생각하지 못하고 있다. 우리의 삶에서 현재는 과거와 미래를 염두에 둘

명예 혁명
1688년 영국에서 일어난 혁명으로, 의회 민주주의가 탄생한 계기가 되었다.

에리히 프롬
(1900~1980)
신프로이트학파의 정신분석학자이자 사회철학자. 인간과 사회 환경의 관계에 주목했다.

때 비로소 가치를 가질 수 있다.

우리의 역사를 돌이켜보면 자유와 평등을 쟁취하기 위한 투쟁의 발자취가 매우 짧다는 것을 알 수 있다. 자유와 평등을 실현하기 위해서는 자유와 평등에 대한 이론적·사상적 탐구도 필요하지만 현실적이고 실천적인 다양한 행동이 반드시 뒤따라야 한다.

6
직업에도
휴머니즘이 필요하다

다음과 같은 대화에 귀를 기울여보자.

"당신의 직업은 무엇입니까?"

"버스 기사입니다."

"어릴 때부터 버스 기사를 희망했습니까?"

"그렇진 않습니다. 집안 사정이 좋지 않다 보니 고등학교를 졸업한 후에 농사일을 돕고 군대에 가서는 운전병을 했지요. 제대 후 이것저 것 손닿는 대로 해보다가 버스 기사가 된 지 벌써 20년이네요."

"격무에 시달리며 운전하다 보면 위험하기도 할 텐데 이 직업에 만 족합니까?"

"자기 직업에 만족하는 사람이 몇이나 있겠어요? 오래 하다 보니까 이젠 다른 일은 못 하겠고 천직이려니 생각하는 거죠. 그래도 요새는 노사합의도 잘되는 편이어서 조금씩 상황이 좋아지고 있어요."

"직업적인 사명감이 있다면 어떤 것이 있습니까?"

"무엇보다 시민의 안전이지요. 버스를 탄 후부터 내릴 때까지 안전하게 손님들을 모시는 것이 버스 기사에게 가장 중요한 것 아니겠어요? 저도 운전을 처음 시작할 때는 난폭운전을 하며 빨리빨리 배차 시간만 맞추려고 했지요. 그런데 가끔씩 내 가족이나 친척이 탈 때도 있고, 하도 오래 이 버스만 몰다 보니 이제 아는 얼굴도 있어요. 그러다 보니 손님 한 분 한 분이 소중하다는 생각을 하게 되었고 그것이 내 직업적 사명감이다, 그렇게 생각하게 되었어요."

모든 사람이 직업에서 확실한 도덕적 가치관이나 사명감을 가지고 자기 일에 충실히 종사한다면 그런 사회는 열린 사회일 것이다. 많은 사람은 직업과 휴머니즘이 별 관계가 없다고 생각한다. 대부분의 사람이 직업은 단지 돈을 벌기 위한 수단이라고만 생각하는 경향이 있다. 고대로부터 오늘날에 이르기까지 인간의 사회는 생산하고 소비하는 사회다. 봉건 사회를 지나 자본주의 사회로 들어오면서부터 생산관계가 복잡해졌으며 상품의 유통과 소비 과정 역시 복잡해졌다. 생산 과정이 분업화되면서 점차 직업도 다양해졌다.

21세기 후기산업 사회에서는 직업의 수가 이루 헤아릴 수 없이 많아졌다. 1차, 2차 산업은 물론이고 3차 산업, 곧 서비스 업종도 무수히 많아졌다. 사람들이 다양한 분야에서 일하는 것은 먹고살기 위

해서지만 그저 먹고살기 위해서만
직업을 갖는 것은 아니다.
우리가 직업을 갖는 이
유는 사회 공동체 안
에서 삶을 영위하기
위해서이기도 하다. 이
익 사회 차원에서 이기
적인 욕망을 충족하기

위해서뿐만 아니라 이타적인 공동체
사회를 유지하고 발전시켜 나가기 위해서도 우리는 직업에 종사한다.
여기에서 민철이와 담임선생님의 대화에 귀를 기울여보자.

"선생님, 21세기는 그야말로 다원적 사회잖아요?"

"그럼, 민철이 말대로 21세기는 다원주의가 지배적이지. 어떤 사물
이나 사태를 하나의 관점에서만 바라보던 시대는 끝났다고 할 수 있
어. 하다못해 전혀 불가능할 것 같아 보이던 이질적인 종교들 간의
대화도 가능한 시대이잖니?"

"그런 것 같아요. 직업도 너무나 다양하고 세분화되어서 난생 처음
듣는 직업도 많더라고요. 직종이 2만여 종도 넘는다고 해요."

"민철아, 인간은 삶을 체험하고 이해하며 표현하는 존재잖니. 내가
보기에 인간은 직업을 통해 자신의 삶을 표현하는 것 같다."

"그렇다면 우리가 흔히 백수라고 말하는 실업자들은 자신의 삶을

표현하지 못하고 있는 건가요?"

"민철아, 우선 실업자에 대한 정의부터 해볼까? 실업자란 일할 수 있고 일하고 싶은 의지가 있지만 현재 일정한 직업을 갖지 못한 사람들을 말하지. 하지만 실업자라도 일할 능력이 있는 사람이라면 미래의 잠정적인 직업인으로 봐야겠지."

"그렇군요. 그런데 선생님, 어떤 책에서 읽었는데요, 직업이 휴머니즘을 도외시하면 그런 직업은 사회의 악이 된다고 하던데 그건 무슨 뜻이에요?"

"휴머니즘이 인간중심주의인 건 잘 알지? 말하자면 우주에서 인간 존재를 가장 고귀한 생명체로 여긴다는 뜻이지. 그런데 사실 직업이라고 하기 어려운 직업들이 있단다. 예컨대 조직폭력배에 가입해서 폭력을 일삼는 사람들이 있고, 그런가 하면 여성들을 착취해 성매매를 시키는 사람들도 있단다. 이런 일들은 휴머니즘에 정면으로 반대되는 것이라 공공사회에서 인정하지 않는 것들이야."

"제대로 된 직업이라 해도 그에 걸맞지 않는 행동을 하는 사람들도 있어요. 예컨대 목사가 신도들에게 사기 치거나 교사가 학생을 폭력 수준으로 체벌하는 일도 있어요. 그런 행위들은 직업에 대한 가치관이 잘못된 경우이고 휴머니즘에 어긋나요. 그런가 하면 국회의원이나 고위 공무원이 뇌물로 형사처벌을 받는 경우도 자주 있어요."

고대로부터 직업은 사회가 존속하기 위해 필수적인 사회 제도의 한 단면이다. 플라톤은 철학자인 왕, 군인, 생산자, 이 세 계층이 각각 지혜, 용기, 절제로 나라를 이끌어나갈 때 이상국가가 성립된다고 믿었다. 넓게 보면 플라톤의 직업관은 선한 국가를 형성하려는 휴머니즘을 바탕으로 삼은 것이라 할 수 있다. 21세기를 살아가는 일부 현대인은 물질만능주의*에 물들어서 직업의 도덕적 가치관을 상실해 휴머니즘을 외면하는 경향이 있다.

물질만능주의
돈(물질)을 가장 소중한 것으로 여겨 지나치게 집착하는 주의.

　직업은 어디까지나 휴머니즘을 바탕으로 할 때 비로소 귀천을 떨쳐버릴 수 있다. 직업은 단지 돈을 벌기 위한 수단을 넘어서서 자신의 삶을 표현하고 전개하기 위한 하나의 지평(地平)이며 휴머니즘을 완성하기 위한 사회의 장(場)이기도 함을 잊지 말아야 한다.

• 생각해 볼 문제 •

1. 각자의 집안에 대해 이야기해 보자. 우리 집안의 자랑이 있다면 어떤 것이 있는가? 또 현대 사회에서 집안은 어떤 의미를 갖는지도 이야기해 보자.

2. 조선 시대의 양반과 상민의 신분에 대해 말해 보자. 서양의 봉건 시대에 귀족과 평민의 관계는 어땠는지도 살펴보자.

3. 백인 주인과 흑인 노예가 등장하는 영화를 본 일이 있으면 그 내용을 이야기해 보자. 그 당시에는 주인과 노예 둘 다 모두 휴머니즘에서 벗어났는데 그 이유는 어디에 있는가?

4. 직업에 귀천이 있는지 없는지 생각해 보고 그 이유를 이야기해 보자.

5. 자유와 평등이 무엇인지 설명해 보자. 자유와 평등을 얻기 위해 우리 민족이 구체적으로 어떤 노력을 했는지 이야기해 보자.

6. 직업이 휴머니즘을 바탕으로 삼아야만 하는 이유를 설명해 보자.

5장

행복한

삶이란?

1

나 혼자 누리는 쾌락이
행복일까

성과 성교육에 관한 진아와 어머니의 대화를 들어보자.

"엄마, 오늘 오전에 학교에서 성교육을 받았는데, 요점은 몸과 마음을 정결하게 가지라는 거였어요."

"그래? 성적 성장이라든가 성관계 등에 관한 내용은 없었어?"

"아니, 다 있었어요. 그런데 성별의 특징이니 성행위 같은 건 알겠는데 정작 성이 뭔지는 잘 모르겠어요. 섹시하다는 말은 성적인 매력이 풍긴다는 말인데 무엇이 왜 섹시하다는 건지도 잘 모르겠고……."

"진아가 문제를 너무 복잡하게 보는 거 같은데? 성이 무엇이냐 하는 문제는 아주 간단한 거야. 암컷과 수컷이 각각 성(성별)이니까. 그래서 여성과 남성이라고 부르는 거고, 더 풀어서 말하자면 여자의 성질과 남성의 성질을 말하는 거야. 어떤 남자를 보고 섹시하다고 말할 때는 그 남성의 성질이 매력적이라는 거고, 한 여자를 보고 섹시하다고 말하면 그 여성의 성질이 매력적이라는 뜻이지."

"그런데 엄마, 성욕은 성관계를 하고 싶은 욕망을 말하는 거죠? 성욕을 식욕과 갈증에 대한 욕망과 함께 인간의 본능적인 3대 욕망이라고 하잖아요. 본능적인 욕망이라면 그것이 충족되지 못할 경우 생존 자체가 위험해질 텐데 성욕은 참을 수 있잖아요?"

"그래, 본능이란 참 묘한 거지. 이 세상은 생각할수록 너무 신비로 가득하단다. 욕망은 충족되는 순간 쾌락을 느껴 만족하게 되잖니? 다른 동식물도 마찬가지일 거야. 가뭄에 물을 빨아들이지 못했던 나무들이 비가 내리면 마음껏 물을 빨아들이고 싱싱한 잎을 자랑하잖아. 동물들도 굶주리다가 실컷 먹으면 만족해서 늘어지게 잠을 자잖니?

이렇게 식욕과 갈증도 채우고 나면 쾌감을 느끼고 만족감에 사로잡히지? 성욕도 마찬가지야. 호르몬으로 신체에 변화가 오면서 모든 사람은 본능적으로 성에 대한 욕구를 갖게 돼. 이건 자연의 섭리이기도 하지."

"그런데 성은 너무 복잡한가 봐요. 성과 연관된 말이 너무 많아요. 성욕, 성감, 성적 쾌감, 성행위, 성관계, 성적 흥분, 성적 만족 등 여러 가지가 있더라고요."

"어디 그뿐인 줄 아니? 성과 관련된 부정적인 말로 성적 학대, 성폭력, 강간, 간통, 성도착, 매춘, 포르노그라피 같은 말들도 있지."

"맞아요. 너무 복잡하고 다양하다니까요. 그런데 엄마, 성교육을 받을 때마다 성은 소중하고 고귀하다고 하는데 그 이유는 별로 자세히 나오지 않아요."

"그럼, 아까 하던 이야기를 더 해볼까? 그러면 성의 고귀함을 살펴볼 수 있을 것 같으니까 말이야. 성욕, 식욕, 갈증이 3대 본능이라고 했지? 물을 안 마시고 먹을 것을 못 먹으면 인간을 포함한 모든 생물 개체는 죽을 수밖에 없어."

"섹스는 그렇지 않잖아요. 성관계를 안 한다고 해서 죽는 건 아니잖아요."

"그렇기는 하지. 그래서 엄마가 아까 이 세상이 신비롭다고 말한 거야. 성행위를 하지 않는다고 해서 개체가 죽는 건 아니지만 모든 개체가 성행위를 하지 않는다면 후손이 태어나지 못하니까 결국은 그 종(種)이 멸종되고 마는 거야. 3대 욕망이 충족될 때 쾌감이 큰 것도 다 이유가 있단다."

"그 이유가 뭔데요?"

"3대 욕망들은 개체의 생명을 유지하고 종을 유지하는 데 기여하기 때문이지."

"이제 충분히 알겠어요. 아, 그런데 엄마, 성행위에도 생각보다 참 여러 가지가 있더라고요."

"그래, 맞아. 성인 남녀가 성기로 결합하는 것을 성교라고 하고 이것을 우리는 보통의 성행위로 생각한단다."

"엄마, 그런 행위들이 있는 걸 보면 성의 목적은 결국 쾌락인 거네요? 정상적인 성행위는 물론이고 성추행이나 성폭력 등 부정적인 성행위도 결국 다 쾌락을 얻기 위한 것 아니겠어요?"

"음…… 그렇다면 성의 결과와 목적을 먼저 정의해 보면 좋겠구나. 이 두 가지를 혼동하지 않아야 하니까 말이야. 이건 아주 중요한 문제란다. 성은 그 결과와 목적이 조화를 이룰 때 비로소 도덕적으로 가치 있는 것이 될 거야."

"좀 더 자세히 설명해 주세요. 이해가 잘 안 되는걸요."

"진아가 말한 쾌락은 성의 결과란다. 물론 성욕이 충족되는 순간 우리는 쾌감을 느끼지. 하지만 일단 성욕이 충족되면 다시 성욕이 생겨. 그래서 본능이라는 거야. 가장 중요한 성의 목적은 한편으로는 종의 보존이고 또 한편으로는 행복이란다. 그래서 쾌락과 행복이 긴밀히 연결되고 조화를 이룰 때 성은 고귀하고도 소중하다고 말하는 거란다."

"그렇다면 성행위 역시 인간관계에서 의미와 가치가 있다는 거죠? 그러니까 오직 자기 자신의 이기적인 쾌락만을 위한 성행위는 나와 똑같은 인간인 타인을 배려하지 않는 것이고, 그렇기 때문에 일종의 폭력이나 범죄가 된다는 거죠?"

성행위는 생물의 종을 보존하고 행복한 쾌감을 주기 때문에 고귀하다. 성행위를 소중하게 여기지 않고 순간적인 이기적 쾌락에 매몰된다면 결국 자기 자신을 망치고, 타인에게 해를 끼치게 된다. 타인을 수단이 아닌 목적으로 대하면서 배려하고 추구하는 쾌락은 공동체의 쾌락과 행복에 기여할 것이다. 그런데 자기만의 쾌락을 행복으로 착각하는 사람들은 끊임없이 순간의 쾌락을 추구한다. 그런 사람들로 가장 대표적인 이들이 성폭력범들일 것이다.

특히 아동 성폭력범들은 타인에 대한 배려는 전혀 없이 오직 자신의 순간적이고 이기적인 쾌락을 획득하는 것만을 목적으로 삼는다. 그런 쾌락은 결코 지속될 수 없고 얼마 못 가 불쾌와 고통을 가져다준다. 지각이 있는 사람이라면 자신의 행위로 인해 일그러진 삶을 짊어지고 신음하며 앞날을 살아갈 어린 생명들을 떠올릴 때 가슴 찢어지는 듯한 고통을 느끼지 않을 수 없을 것이다. 성폭력범들은 이런 기본적인 지각조차 지니지 않은 파렴치한 자들이다.

뿐만 아니라 대부분의 알코올 중독자, 마약 중독자, 흡연 중독자들도 순간의 쾌락을 행복으로 여긴다. 그뿐만 아니라 지나치게 음식에 집착하고 탐닉하는 사람들도 쾌락을 행복과 동일시한다.

그러나 쾌락이 행복이기 위해서는 전제 조건이 반드시 있어야 한다. 우선 지속적인 쾌락이어야 한다. 그 다음으로 쾌락은 주관적이고 이기적이어서는 안 되고 공동체의 쾌락과 맞아야 한다. 더욱이 쾌락은 타인을 배려하는 마음으로 추구할 때만 행복과 일치될 수 있다.

재석이와 선생님의 대화를 들어보자.

"선생님, 쾌락은 즐거운 것이고 행복은 기분 좋은 상태니까 쾌락이 바로 행복인 건가요?"

"그래, 언뜻 보기에는 자칫 쾌락을 행복으로 착각하기 쉽단다. 그렇

지만 쾌락이 무엇이고 행복이 무엇인지 하나씩 구체적으로 생각해 보면 쾌락이 곧 행복이라고 말하기가 얼마나 어려운지 알게 된단다."

"쾌락은 기쁨이고 행복은 즐겁고 아늑한 상태인 것 같아요, 아닌가요?"

"단순하게 보면 그렇게 생각할 수도 있겠구나. 하지만 어떤 쾌락은 너무나 짧은 순간이고 금방 불쾌함으로 돌변한단다. 예컨대 맛있는 것을 먹는 순간과 먹은 직후에는 행복하다고 느끼겠지만 얼마 못 가 그보다 맛있는 것을 다시 찾아 헤매게 되지."

"선생님, 저는 아직 경험은 없지만 연애의 쾌감과 행복, 결혼의 쾌감과 행복도 그러고 보면 순간적인 것 같아요. 연애하다가 헤어지면 불행하다고 하고 또 결혼 생활을 얼마간 지속하다가 이혼하면 죽네 사네 하면서 불행해지잖아요."

"재석이 말에도 일리가 있지만 모든 사람이 다 그런 건 아니잖니? 남을 배려하는 이타심을 가진 사람은 연애를 할 때도 결혼 생활에서도 지속적인 쾌락을 추구할 줄 알아. 그래서 이것이 행복으로 이어질 수 있단다. 그렇지만 남에게 성실하지 않으면서 오로지 자기 자신의 이익만을 추구하는 사람은 편파적이고 순간적인 쾌락만 추구하기 때문에 자신은 행복하다고 주장하지만 곧 모든 것을 잃고 절망감에 빠지게 된단다."

"그럼 쾌락은 행복이 아닌 거예요?"

"재석아, 선생님이 다시 한 번 이야기해 볼 테니 잘 들어봐. '쾌락은 행복이다, 아니다'라고 이분법적으로 주장하는 것은 매우 성급한 것 같구나."

"선생님, 어째 들을수록 더 헷갈리는걸요."

"그래? 잘 들어보면 쾌락을 한 가지로 정의하는 것이 왜 성급한 것인지 알게 될 거야. 마음을 열고 선생님 말을 자세히 듣다 보면 왜 그런지 다 절로 이해가 갈 거야."

"이제부터 헷갈린다고 생각하지 않고 마음을 열고 경청하겠습니다."

"우선 성적 쾌락이 행복인지 아닌지 살펴보자. 지하철이나 버스에서 가끔 성추행범들이 붙잡히지? 이들은 피해자들의 생각이나 감정은 전혀 생각하지 않고 오직 자신만의 순간적인 쾌감을 위해서 그런 짓을 저지르는 거야. 이들이 성추행을 하고 행복하다고 아무리 크게 떠든다고 한들 이 세상에 누가 그들을 옳다고 하겠니?"

"그렇다면 쾌락이 행복이기 위해서는 결코 타인의 존엄성을 도외시하거나 단순한 수단으로 여겨서는 안 된다는 말씀이군요."

"그렇단다. 쾌락이라고 해서 무조건 다 좋은 것도 아니고 행복이라고 한마디로 정의할 수 없는 이유가 바로 여기에 있단다. 쾌락이 가치가 있으려면 아무리 본능적인 쾌락일지라도 도덕적 가치와 부합되어야 한단다. 남들은 힘들고 고통스러운데 자기 혼자만 쾌락을 느낀다면 그게 어떻게 행복이 될 수 있겠니? 그리고 타인을 도외시한 채 혼자만 쾌락을 느끼면서 행복하다고 말하는 사람이 있다 해도 그와 같은 행복은 지극히 주관적이고 이기적인 것이기 때문에 참다운 의미의 행복이라고 할 수 없단다."

"선생님, 따지고 보면 우리가 즐겁다고 하는 것이나 행복하다고 하는 것이 다 눈 깜짝할 새에 사라져버리고 권태와 불안이 어느새 자리를 비집고 들어오는 것 같아요. 선생님 말씀대로 쾌락이나 행복이나 모두 주관적 개인주의를 넘어설 때 지속적일 수 있고 그래야 쾌락은 행복이라고 말할 수 있는 거군요."

"아주 잘 정리했다. 우리의 본능적인 쾌락이 도덕적이고 사회적 차원으로 고양될 때야 비로소 우리는 진정한 의미에서 공동체 안에서의 행복을 느낄 수 있는 거란다."

쾌락이나 쾌감은 대표적인 정서 중 하나다. 옛날부터 정서를 적절히 조절하기 위해서는 이성이나 직관이 필요하다는 논의가 있어왔다. 쾌락과 행복의 긍정적인 관계를 정립하기 위해서 우리는 실천적 자기성찰과 자기반성의 끊임없는 훈련을 게을리하지 말아야 한다.

2
감정과 정서는
어떻게 다를까

쾌(快)와 불쾌(不快)는 인간이 지닌 가장 기본적인 감정이다. 쾌와 불쾌는 단순감정이라고 일컬어지는 데 비해 공포, 증오, 애정, 분노 등은 정서라고 불린다.

진아와 선생님의 대화를 들어보자.

"선생님, 제가 알고 싶은 것은 쾌락이 무엇인가 하는 거예요."

"진아야, 쾌라고도 하는 쾌락과 그 반대인 불쾌는 가장 기본적인 단순감정이란다."

"쾌감(快感)이라는 말도 있으니 쾌가 감정이라는 것을 알겠는데 쾌정서(快情緒)라는 말도 있는 걸 보면 쾌는 정서라는 말인가요? 감정은 느낌인데 정서도 느낌이라면 감정과 정서가 같은 말이에요?"

"선생님도 진아처럼 감정과 정서가 같다는 생각을 오래 했어. 그런데 깊이 생각해 보니 그렇지가 않더구나. 감정이 기본적인 느낌이라면 정서는 생리적 과정, 곧 심장 고동이나 몸의 떨림이나 눈물 등을 포함하는 주관적인 심리 과정이야. 즉, 정서는 특정한 자극 대상에 의해서 생긴 흥분 상태의 경험이지."

"아, 이제야 감정과 정서가 어느 정도 구분이 되는 것 같아요. 감정이 단순한 기분상의 느낌인 반면 정서는 감정을 기본으로 삼고 특정한 행동 반응을 동반하는 심리 과정의 경험이에요. 제대로 정리했나요?"

"아주 훌륭하게 정리했어. 그럼, 감정에 관해 좀 더 이야기해 보자. 그전에 진아는 감정의 역사에 대해서 좀 알고 있니?"

"아주 조금요."

"아는 대로 이야기해 보겠어?"

"프랑스 철학자 데카르트는 여섯 가지 감정을 이야기했고, 중국의 유교에서는 일곱 개의 감정을 구분했어요. 그리고 독일의 심리학자 분트*는 감정의 3차원을 말했죠. 자세한 내용은 가물가물해서 선생님께서 말씀해 주시면 기억이 날 것도 같아요."

> 빌헬름 분트
> (1832~1920)
> 독일의 심리학자이자 철학자. 최초로 심리학 실험실을 개설해, 실험심리학의 기초를 마련했다.

"그래? 그럼 한번 이야기해 주마. 데카르트는 놀람, 사랑, 증오, 욕망, 기쁨, 슬픔의 여섯 가지 감정이 있다고 했단다. 유교는 칠정(七情)이라고 해서 기쁨, 노함, 슬픔, 즐거움, 두려움, 싫어함, 욕심으로 구분했지. 다시 말해서 희(喜), 노(怒), 애(哀), 락(樂), 구(懼), 오(惡), 욕

(欲) 이 일곱 가지 감정이란다."

"그렇군요. 그럼 분트의 단순감정의 3차원설은 도대체 뭐예요?"

"진아야, 심리학은 내용상으로는 고대 그리스의 아리스토텔레스에서 시작되었다고 할 수 있단다. 물론 그 당시에는 의학과 아울러 포괄적 학문으로서의 철학만 있었지 개별 학문으로서의 심리학은 없었어."

"아, 저도 알아요. 대부분의 인문과학과 사회과학은 물론이고 자연과학의 씨앗들까지도 근데 이전까지는 모두 철학에 포함되어 있었잖아요. 분트가 바로 심리학의 창시자 맞죠?"

데이비드 흄
(1711~1776)
영국의 철학자. 도덕을 감정의 문제로 여겼으며, 공감을 선으로 보았다. 이는 공리주의의 모태이기도 하다.

"물론 17세기 영국 경험론 철학자 흄*이 연상심리학의 기초를 다져놓기는 했지."

"제가 알기로는 흄의 연상심리학도 아직 개별 학문은 되지 못한 상태로 그의 경험론 철학 안에서 성립한 거죠?"

"그래, 잘 지적했구나. 독일의 분트는 형태심리학을 창시했어. 우리가 인간의 능력을 지(知), 정(情), 의(義)로 나누는 것은 바로 분트에 의한 거란다. 분트는 인간의 마음, 곧 의식을 분석하는 것을 심리학의 과제라고 생각했어. 단순감정은 3개의 차원으로 형성된다고 봤지."

"3개의 차원은 각각 어떤 것인가요?"

"분트가 말하는 단순감정의 3차원들은 각각 쾌와 불쾌, 긴장과 이완, 흥분과 평온이란다."

"결국 6개의 단순감정들이 3개의 단순감정 차원을 형성한다고 봐도 되겠네요?"

"당연하지. 분트 이후에 감정과 정서에 관한 많은 연구가 이루어졌고 따라서 다양한 이론이 제기되었단다."

"그래도 쾌와 불쾌를 단순감정으로 보는 것은 변함이 없죠? 그런데 쾌감과 쾌정서가 같은 건지 아닌지 영 헷갈리더라고요."

"앞서 말했듯이 정서는 감정을 기본으로 삼고 신체흥분과 자극조건에 의해 생기는 심리 상태 또는 심리 과정을 말하지. 웃거나 화낼 때 사람들의 표정을 보렴. 분명히 신체적 흥분을 동반하는 거잖니. 정서는 자극조건도 동반하는 거란다. 웃거나 화내는 것이 나라마다 조금씩 다르다는 거 알고 있지? 그러니까 문화적 관습이라는 자극조건이 웃거나 화내는 표정에 큰 역할을 하는 거야."

"그러면 쾌감을 바탕으로 쾌정서가 생긴다고 보면 되겠네요?"

"아무렴, 그렇지. 지금까지 우리는 쾌감과 쾌정서를 심리학적인 차원에서 살펴봤단다. 행복은 심리학적 차원의 행복도 있지만 도덕적이고 사회적인 행복도 있고, 정치와 경제적인 의미의 행복도 있기 때문에 포괄적인 의미에서 살펴봐야만 한단다."

우리는 쾌락과 아울러 행복을 좁은 의미, 곧 주관적이고 개인적인 의미에서 파악할 수도 있지만 쾌락과 행복을 넓은 의미, 곧 객관적이면서도 사회적인 의미에서 파악할 때 더 성숙한 태도를 지닐 수 있을 것이다.

3
최대다수의
최대행복

　지금 여러분은 왜 이 책을 읽고 있는가? 청소년의 세계관에 대해 배우기 위해서 읽는다. 청소년의 세계관에 대해 왜 배우려고 하는가? 장차 미래지향적인 인간상을 가진 성인이 되기 위해서다. 미래지향적인 인간상을 왜 가지려 하는가? 그래야 진정으로 행복한 삶을 꾸려나갈 수 있기 때문이다.

　그렇다. 정상적인 의식을 가진 사람이라면 누구나 행복한 삶을 영위하려고 한다.

　다음의 이야기들을 들어보자.

　"제가 왜 포장마차를 열심히 하느냐고요? 다 먹고살기 위해서죠. 힘 안 드느냐고요? 그걸 말이라고 하세요? 새벽까지 장사하다가 들어가서 눈 좀 붙이려고 하면 어느새 해가 중천에 떠 있고 다시 장사 준비를 서둘러야 해요. 장사하면서도 졸 때가 많아요. 자식도 둘이나 되고, 시집·장가갈 때까지는 젊었을때 열심히 벌어야죠. 벌어서 뭘 할 거냐고요? 그거야 산더미처럼 많죠. 아, 물론 지금은 힘들어도 나중에 행복하게 잘살고 싶은 거죠."

"제가 지금 하고 있는 게 뭐냐고요? 제가 제일 싫어하는 수학 숙제예요. 학교에서는 만날 선생님들이 숙제를 최소한으로 줄여주겠다고 하시지만 과목별로 내주시니 결국 많을 수밖에요. 영어, 수학, 국어 숙제가 제일 많아요. 그래도 영어와 국어는 괜찮은데 수학 숙제는 너무 싫어요. 그래도 숙제니까 해가야 해요. 수학 숙제를 안 해가면 의무감이 없다느니, 수학적 두뇌가 없다느니, 뺀질이니까 다음번에는 두 배로 해오라느니 하고 망신당할 게 뻔하니까요. 안 해가면 저야 편하죠. 하지만 숙제 자체가 공부를 위한 것이니 결국 싫어도 넘어야 할 산인 거죠. 사실 수학을 잘해야 원하는 대학에 갈 수 있고 그래야 제가 원하는 삶을 살 수 있지 않겠어요? 다 나중에 행복하게 살기 위한 과정이라고 생각해요."

최대다수의 최대행복은 잘 알려진 것처럼 공리주의*의 대표적인 주장이다. 공리주의를 정립한 사람은 영국의 벤담이고 그것을 확장하고 발전시킨 사람은 밀이다.

공리주의
19세기 중반 영국에서 나타난 사회사상. 인간 행위의 윤리적 기초를 개인의 이익과 쾌락 추구에 둔다.

민철이와 아버지의 대화를 들어보자.

"아버지, 최대다수의 최대행복은 공리주의의 주장인데요. 그럼 최대행복은 쾌락인 동시에 선인 건가요?"

"그렇단다. 공리주의의 핵심을 잘 짚었구나. 공리주의에서는 개인 소유물의 총계에서 발견되는 것이 바로 사회의 공통선(共通善)이라고 한단다. 벤담이 말하는 최대행복은 물질적 양(量)이야."

"그런데 아버지, 사회의 공통선이라면 그것은 법인가요, 아니면 법 말고 다른 어떤 건가요?"

"법과는 다른 거야. 법은 사회 제도로서 강제성을 가진 거지만 사회의 공통선은 법과는 달리 최대다수의 최대쾌락이라고 할 수 있어."

"아버지, 벤담은 쾌락을 계산할 수 있다고 믿었고 따라서 쾌락을 양적으로 조종할 수 있다고 생각했다면서요?"

"벤담이 그랬다는데 그거야 가능하지. 개인 소유물의 총계에서 발견되는 것이 사회의 공통 쾌락이라고 할 것 같으면 개인이 돈, 식품, 생활용품, 의류 등을 얼마나 가졌는지 일일이 계산하고 그것의 총계를 합하면 일정한 수치가 나오지 않겠어? 그러면 한 특정 사회의 공통선과 다른 특정 사회의 공통선 수치를 비교할 수 있고, 어떤 특정 사회의 최대쾌락의 수치가 더 높은지를 알 수 있지."

"저는 생각이 좀 다른데요. 쾌감은 일종의 미묘한 정서인데 그것을 수학적으로 계산한다는 것은 말이 안 되는 것 같아요. 쾌감을 계산하는 순간 쾌감은 순간적으로 사라질 수도 있고 또 갑자기 불쾌감으로 변할 수도 있지 않을까요?"

"하긴 그렇기도 하구나. 공리주의는 경험론의 전통을 업고 있어. 경험론의 기본 입장이 바로 감각경험에 의해서 대상을 안다는 것이잖니. 쾌락이나 선이 감각경험을 통한 것이라면 그런 쾌락이나 선은 다분히 상대적인 것일 수밖에 없구나. 벤담이 쾌락을 계산할 수 있다고 한 것은 사회의 공통선을 계산할 수 있다는 이야기란다. 그러나 과연 선을 계산할 수 있을지는 나도 의심이 가는구나."

"아버지, 아무리 생각해도 선은 이해하고 설명하는 대상이지 수학적 계산의 대상은 아니에요."

"그렇지?"

"그럼요. 선이나 쾌락은 진리나 미(美)처럼 계산 대상이 아니죠."

"우리 민철이 말이 맞다. 그래서 벤담의 사상을 이어받은 밀은 쾌락의 양과 질을 구분하고 쾌락의 질을 강조했단다."

"어떻게요?"

"너 혹시 '배부른 돼지보다 배고픈 소크라테스로 살겠다'는 말 들어봤니? 그것은 다음과 같은 밀의 말에서 시작된 것이란다. '돼지로서 만족하느니 인간 존재로서 불만족하는 것이 좋고, 바보로서 만족하느니 소크라테스로서 불만족한 것이 좋다'라는 뜻이지. 민철아, 너는 공리주의의 특징이 뭐라고 생각하니?"

"주관적·개인적 그리고 이기적인 쾌락주의가 아닐까요?"

"그래, 하지만 밀은 이타적 쾌락주의를 공리주의에 부각시킴으로써 벤담의 공리주의에 변화를 가져오려고 했단다. 왜냐하면, 사회의 공통선을 실현하면서 동시에 사회의 공통선에 알맞은 것이 바로 이타적 쾌락주의이기 때문이란다."

"그러면 밀이 보는 행복은 어떤 건가요?"

"밀은 행위자 자신의 행복이 아니라 모든 사람의 행복의 총계가 바로 공리주의의 기준이라고 생각했어."

밀은 공리주의자로서 도덕적 태도를 굳게 지킨다. 그는 개인의 사상, 판단 및 토론의 자유를 강조했기 때문에 최대행복은 모든 사람의 행복인 동시에 개인의 자유를 보장하는 것이다.

인식론
지식의 본질, 신념의 합리성 등을 다루는 철학의 한 분야

형이상학
아리스토텔레스가 최초로 확립한 형이상학은 모든 존재의 근본원리를 연구하는 학문이다.

벤담이나 밀의 공리주의는 어디까지나 영국 경험론을 바탕으로 하며 다분히 실용주의적 특징이 있다. 따라서 철저한 인식론*과 아울러 형이상학*적 기초가 결여되어 있고 상대주의적 경향이 강하다는 점에 주의해야 한다.

4
젊을 때 고생은
돈 주고도 못 산다?

'젊을 때 고생은 돈 주고도 못 산다'는 말이 있다. 이 말은 두 가지 관점에서 이해할 수 있다. 우선 이 말을 다음과 같이 긍정적인 관점에서 해석하는 것이다.

"미국의 한 주에서 상원의원으로 일하는 분을 만났었어. 이분 말에 의하면 젊은 시절의 고생은 황금보다도 귀하다는 거야. 이분은 한국전쟁 때 고아가 되었고 우연히 미군 부대에 들어가서 심부름을 하게 되었대. 부모형제에 대한 그리움이라든가 또래들과 어울려 놀고 싶은 마음이 오죽했겠어? 하지만 어린 나이에 혼자서 먹고 살려면 그렇게라도 벌어야 했던 거지. 그러다가 어찌어찌 미국 양부모에게 입양되어서 양부모 덕에 학교도 다니고 취직도 하고 결혼해서 자식도 여럿 두고 살게 되었대.

이분은 성장기에 입이 닳도록 '젊어 고생은 돈 주고도 못 산다'는 말을 중얼거렸다는 거야. 젊어서 했던 고생들이 비록 힘들었지만 자신의 경험 폭을 넓혀주었고, 삶에 대한 깊은 지혜와 안목을 갖게 해주었다고 하셨어. 자신의 고생을 극복하기 위해 애쓰는 과정에서 더 크게 성장을 할 수 있었다고 해. 왜 정치에 뜻을 두었느냐고 물었더니 청소년들이 조금이라도 행복하게 자랄 수 있는 사회를 만들기 위해서 정치에 입문했다고 하더군. 자기가 청소년 시절에 너무 불우하고 어렵게 자랐기 때문에 우선은 청소년들이 마음 놓고 성장할 수 있는 환경을 만들기 위해서라는 거지. 그리고 청소년들이 자기처럼 스스로 불행을 극복할 때 행복한 삶을 얻을 수 있다는 점을 가르치기 위해서 사회에 봉사하기로 했다는 거야."

위와 달리 '젊을 때 고생은 돈 주고도 못 산다'는 말을 매우 부정적으로 해석하는 관점도 있을 수 있다.

"젊을 때 고생해 봐야 한다고 떠들고 다니는 사람들이 있는데 그게 다 무슨 소용이야! 사람은 고생하면 망가지게 되어 있어. 어차피 이 세상은 약육강식에 빈익빈부익부 원칙이 지배하는 거라고. 주위를 한번 둘러봐. 불우한 애들이 얼마나 많아? 이들 중 '젊을 때 고생은 돈 주고도 못 산다'는 말을 믿고 불우한 환경을 극복해서 나중에 훌륭한 인물이 되는 애들이 과연 몇이나 있겠어? 불우한 아이들이 자기 불행을 극복한다는 것은 거의 불가능해. 사회의 복지제도를 대폭 확충해서 불우한 청소년들도 다른 청소년들과 평등한 교육을 받고 여유 있는 삶을 이끌어나갈 수 있게 해야지, 개인의 노력이 무슨 소용이야?"

인간의 자유와 평등 그리고 행복은 넓게 보면 사회적인 문제다. 오늘날의 청소년들은 사회적으로 자유롭지 못하고 평등을 누리지도 못해서 불행하게 사는 경우가 다반사다. 사회가 청소년들에게 깊은 관심을 가지고 제도적으로 이들이 미래지향적 삶을 실현할 수 있게 돕지 않는다면 이들은 불행의 늪에서 헤어나오기가 거의 불가능하다.

민철이와 선생님의 대화를 들어보자.

"선생님, 불우한 청소년들은 큰 사회문제인데도 언론에서는 별문제 아닌 듯 스쳐 지나가요."

"민철아, 선생님도 그게 걱정이란다. 나라 전체가 언제나 눈앞의 자기들 이익에만 관심을 쏟고 있어. 청소년 문제를 등한시하다가는 정말 나라의 미래가 흔들릴 텐데 참 걱정이다."

"맞아요. 그런 점에서 최근 일어난 n번방 사건이 사회적 문제로 주목받는 게 의미 있는 것 같아요. 돈과 향락을 위해 여성을 대상화하고 청소년들뿐만 아니라 어린 여자애들을 착취했다는 게 정말 끔찍한 일이에요. 이번 기회에 미성년자를 비롯한 약자를 성적 도구로 가해하는 행위가 근절되었으면 좋겠어요."

"그래, 민철아. 생각만 해도 가슴이 아프구나. 의도치 않게 그런 성폭력을 당하거나 피해를 입은 아이들의 몸과 마음은 얼마나 병들고 힘들겠니. 가정과 학교 그리고 사회가 함께 적극적으로 청소년들의 건강하고도 건전한 성장에 대한 종합적이고도 실천적인 대책을 반드시 마련해야 할 거야."

"선생님도 알고 계신지 모르겠지만 성근이도 환경이 아주 좋지 않아요. 초등학교 때 부모님이 이혼하셔서 지금은 어머니랑 살아요. 어머니가 조그만 식당 주방에서 일하시는데 벌이가 적은가 봐요. 그래서 성근이가 신문 배달도 하고 편의점에서 새벽까지 아르바이트도 하느라 아침에 집에 들어가서 씻고 잠깐 눈을 붙이려다가 결국 깨지 못해 결석을 자주 하더라고요."

"그렇구나. 성근이를 한 번 불러서 왜 결석을 자주 하느냐고 물었더니 아르바이트 이야기는 안 하고 어머니가 많이 아프셔서 그런다고만 하더구나. 선생님이 그런 사정을 몰랐어. 얼마나 힘들었을까. 성근이를 위해서 무슨 방법을 찾아봐야겠다."

"선생님, 도대체 행복한 삶이란 어떤 건지 모르겠어요. 석진이가 소년가장이라는 건 선생님도 아시죠? 할머니가 겨우겨우 밥만 하고 석진이가 아르바이트하면서 돈도 벌고 두 여동생도 다 챙겨요. 그런데도 석진이는 늘 웃어요. 속으로는 울면서 겉으로는 웃는 애가 바로 석진이 아닐까요? 석진이는 새벽마다 우유 배달을 하고, 일요일에는 중국집에서 배달과 잔심부름을 해요. 전문대학 요리학과에 가서 요리를 배우고 세계적인 요리사가 되는 것이 석진이의 꿈이래요.

석진이를 보면 불행과 행복이 뭔지 잘 모르겠어요. 누가 봐도 불행한 환경이지만 그 씩씩한 모습과 미래의 꿈에 부풀어서 말하는 석진이를 보면 마냥 행복해 보이거든요."

"민철아, 네가 말한 것처럼 인간의 불행과 행복은 그렇게 간단하지 않단다. 특히 주관적이고 개인적인 의미의 행복은 너무나 상대적이거든. 어떤 사람은 가족과 함께 좁은 평수의 아파트에 살면서도 집이 있다는 것 자체에 충분히 만족하지만, 어떤 사람은 대부분의 사람들과는 비교 안 되게 넓은 평수의 아파트에 살면서도 그 삶에 만족하지 못하고 더 넓고 화려한 집을 꿈꾸며 늘 자신의 삶에 불평불만을 갖기도 하지."

나보다 모든 조건이 낫고 현재와 미래가 보장된 청소년들도 많지만 주변을 자세히 둘러보면 나보다 조건과 환경이 열악한 이들도 참으로 많다. 난치병으로 신음하는 청소년들, 신체장애나 지적장애를 안고도 생활의 터전에서 이를 악물고 일하는 장애청소년들, 소년소녀 가장들……. 제아무리 어렵고 불우한 환경의 삶이라도 청소년들은 미래가 있기에 불우한 환경과 삶을 과감히 극복하고 행복한 삶을 설계할 수 있을 것이다.

5
행복에 대한
철학자들의 논쟁

장자
(BC 369?~BC 286)
중국 전국 시대, 도가의
사상가. 자연과 무(無)로
돌아갈 것을 주장했다.

대부분의 사람은 삶의 궁극적 목표를 행복에
둔다. 그러나 행복이 무엇인지에 대한 생각은 저
마다 다르다. 어떤 사람은 욕망 충족을 행복이라
고 생각한다. 그러나 장자*(莊子) 같은 사상가는
인간의 욕망에 자리한 본성을 이기심과 지배욕
으로 보았다. 과연 이것이 행복일까?

도식이와 아버지의 대화를 들어보자.

"아버지, 저도 고등학생이 된 이후로는 행복한 인생이 어떤 걸까 하
고 곰곰이 생각하게 되는데 이것도 나이를 먹어간다는 증거겠죠?"

"그것도 나이를 먹어간다는 증거지. 그래, 행복이 어떤 것 같으냐?"

"어쩌면 행복은 부유함과 명예, 권력 같아요."

"우리나라 사람들도 옛날에는 오복(五福)을 다 갖춘 사람을 행복한 사람으로 여겼어."

"아버지, 제 생각에 오복이란 치아가 건강하고 돈이 많고 권력이 있고…… 뭐 그런 거 같은데, 그런 게 바로 다섯 가지 복을 말하는 건가요?"

"오복을 잘못 알고 있는 사람들이 많더구나. 하지만 그렇지가 않단다. 지금부터 잘 들어봐라. 오복이란 오래 사는 수(壽), 부(富), 건강하고 편한 강녕(康寧), 덕을 좋아하는 유호덕(攸好德), 살 만큼 오래 살다가 편히 죽는 고종명(考終命) 이 다섯 가지 복을 말하는 거야."

"유호덕과 고종명이 포함된다는 게 인상적이네요. 그래도 역시 행복은 외적인 조건에 많이 연관되는 것 같아요."

"도식아, 오늘 이 아버지랑 한번 깊이 있게 이야기해 볼까? 그러면 네가 앞으로는 행복에 관해 달리 생각하게 될 것 같구나. 철학적으로 생각하기 시작하면 행복을 지금까지와는 전혀 다른 관점에서 볼 수 있기 때문이지."

"아버지, 건강하고 돈 많고 권력을 가진 사람이 행복한 것은 사실이잖아요?"

"그래? 하긴 부, 명예, 권력, 건강, 장수 중 하나 또는 여러 가지를 행복과 동일시하는 경향이 있지. 그런데 고대 그리스의 헤라클레이토스* 같은 철학자는 이렇게 말했단다. '만일 행복이 신체적

헤라클레이토스
(BC 535~BC 475)
소크라테스 이전 시기, 고대 그리스의 사상가. 만물의 근원을 불이라고 주장했다. 만물은 변화하며 어떤 것도 같은 상태로 머물러 있지 않는다고 했다.

데모크리토스
(BC 460?~BC 380?)
기원전 5세기 말부터 기원
전 4세기 초까지 활약한
고대 그리스 사상가다. 모
든 물질은 더이상 나눌 수
없는 원자로 이루어져 있
다고 주장했다.

향락이라면 콩을 먹이로 발견한 소들도 행복할
것이다.' 헤라클레이토스는 행복을 인간의 정신
적 상태로 본 거야. 데모크리토스⁂ 같은 철학자
는 행복은 부유함이나 권력이 아니라 영혼에 속
하는 마음의 상태라고 봤어."

"그러면 육체의 건강을 행복으로 보는 입장과
영혼에 속하는 마음의 상태를 행복이라고 하는
입장의 차이가 생긴 이유가 뭐예요?"

"육체 건강은 외적인 것이고 마음의 상태는 내적인 거야. 구태여 말
하자면 육체 건강은 좁은 의미의 행복이고 마음의 조화로운(선한) 상
태는 넓은 의미의 행복이라고 할 수 있어. 육체가 건강하지 못한 사
람도 얼마든지 행복할 수 있고 또 아무리 육체가 건강한 사람이라도
불행할 수가 있으니까 말이다."

"아버지, 그럼 행복은 여러 가지 의미를 가질 수 있는 것이고, 처음
에는 외적이고 육체적인 것을 행복으로 여겼지만 문화가 발달하면서
점차 내면적이고 정신적인 행복을 추구해 왔다고 봐도 되겠네요?"

"일반적으로 그렇다고 할 수 있지. 그렇지만 이미 고대 그리스의 철
학자들은 행복한 영혼의 상태를 아타락시아(ataraxia), 곧 부동심(不
動心)이라고 불렀단다. 바로 타인의 시선이나 외부 상황에도 흔들리
지 않는 평정의 상태를 말했단다. 이들에게 있어서 영혼은 이미 내면
적인 거야. 엠페도클레스 같은 그리스 철학자는 이렇게 말했지. '신의
말들을 많이 얻는 자는 행복하고 신들에 대한 희미한 광기가 감싸고

있는 자는 불행하다.' 또 탈레스는 신체의 건강과 잘 형성된 자연과 영혼의 선한 길을 행복이라고 했단다. 이렇게 그리스 철학자들에 의해서 종래의 외적 행복은 내적 행복으로 전환되었다고 말할 수 있어. 일반적으로 그리스 철학자들은 삶의 목표를 행복이라고 생각했던 거지. 행복은 바로 유일하게 추구할 만한 가치가 있는 선(善)이기도 했단다.

선이란 인간 내면의 윤리적 가치야. 그러니까 종래까지 행복과 동일시되었던 부유함이나 건강, 명예, 권력 등은 더 이상 행복의 자리를 차지하지 못하게 되었고 윤리와 도덕적 가치인 선이 행복의 자리를 차지하게 된 거지. 이러한 사상은 플라톤에서 절정에 이르렀단다."

"제가 어딘가에서 읽었는데요, 고대 그리스의 행복을 뜻하는 마카리오테스(makariotes)는 원래 인간의 사멸하는 삶을 초월하는 신들과 죽은 자들의 축복받은 삶을 의미했대요."

"도식이가 아주 적절한 이야기를 꺼냈구나. 데모크리토스 같은 철학자는 행복이나 불행은 신과 운명의 선물이라고 했단다. 여러 갈래의 고대 그리스 철학은 일단 플라톤과 아리스토텔레스를 통해 철학적으로 통합되면서 행복에 대한 인식이 완성되었다고 할 수 있어.

"아버지, 플라톤은 선과 행복을 동일시했나요?"

"그렇지. 플라톤에 의하면 선하게 사는 사람은 행복하고 그렇지 않은 자는 불행하단다. 다시 말해서 고귀하고 선한 자는 행복하고 의롭지 못한 자는 불행하다는 거야."

"플라톤의 제자인 아리스토텔레스의 생각도 플라톤과 같나요?"

"아리스토텔레스는 스승보다 한 걸음 더 나아갔어. 아리스토텔레스는 행복이 최고선이라고 하는 스승 플라톤의 생각에 동의하기는 했지만 구체적으로 행복이 무엇인지를 밝혀야 한다고 주장하면서 일반인들의 행복관을 비판하고 자신의 행복관을 제시했단다."

"그게 어떤 거예요?"

"일반인들은 쾌락이나 명예, 재물이나 덕을 행복으로 생각하는 경향이 있어. 하지만 플라톤은 선의 이데아(이념)를 행복으로 봤지. 쾌락, 명예, 재물 등은 외적인 것이고 또 순간적인 거야. 그리고 덕은 잠재적으로 머물거나 덕이 있어도 불행한 사람이 많아. 플라톤이 말한 선의 이념은 현실과 동떨어진 거란다.

그래서 아리스토텔레스는 행복이란 인간의 활동 과정 자체라고 주장했지. 인간이 자기 자신의 긍정적인 기능을 최대한 발휘하는 것이 바로 활동 과정 자체야. 다시 말하면 이성 기능을 최대한 발휘하는 것이 행복인 셈이지."

근대까지만 해도 많은 철학자가 이성적 행복을 주장했다. 이성적 행복은 내면적 행복이다. 그러나 현대에 들어와서는 '인간은 이성적 동물'이라는 정의보다 '인간은 사회적 존재'라는 정의가 더 설득력이 있다. 현재라는 이 시점에서 우리는 행복을 어떤 관점에서 바라봐야만 할까? 오늘날 우리가 주목해야 할 행복은 주관적이고 개인적인 좁은 의미의 행복이 아니라, 사회 정의(社會正義)라는 넓은 의미의 행복일 것이다.

6
개인의 행복과
사회의 행복

고고학이나 인류학 책을 읽으면 인간은 처음부터 개미나 벌처럼 집단적이며 사회적인 존재로서 삶을 영위했던 것이 아니라 떠돌이 생활을 해왔다. 씨족이나 부족이 형성되기 이전 인류의 생활은 보잘 것 없었다. 모계 사회에서 여성이 자식들을 양육하고 거느렸고 남성은 자손 번식에만 기여하고 모계 사회에 소속되지 않은 떠돌이었다. 꽤 장기간 이런 상태가 지속되다가 씨족 사회와 부족 사회가 형성되면서 모계사회는 역사 뒤로 사라지고 부전 중심 사회가 대두되었다. 이미 이때부터 개인과 사회의 불가분의 관계에서 무수히 많은 문제가 제기되어 왔다. 행복 역시 개인과 사회의 관계 속에서 가장 커다란 문제 중 하나다.

진아와 선생님의 대화를 들어보자.

"선생님, 행복을 개인의 행복과 사회의 행복으로 나눌 수가 있는 거죠?"

"그거야 물론이지. 왜 그런 질문을 하지?"

"선생님, 부모님한테서 용돈을 두둑이 타면 뿌듯하고 행복하잖아요. 이런 건 개인의 행복이죠. 그런가 하면 사회가 안정되고 문화 수준이 향상되고 또 정치와 경제가 발전하면 사회의 행복이 실현되는 거고요. 그런데 제가 용돈을 타서 행복한 거랑 사회의 행복은 전혀 관계가 없잖아요. 그렇다면 개인의 행복과 사회의 행복은 불가분의 관계를 맺어야 하는데도 이런 경우에는 사실 아무 상관이 없는 거잖아요."

"하기야 언뜻 생각하면 네 말이 맞는 것처럼 들리는구나. 그렇지만 개인의 행복과 사회의 행복은 뗄 수 없는 관계란다. 일단 행복을 '안정되고 조화롭고 기쁜 상태'라고 하자. 네가 용돈을 받으니 행복하지? 그런데 나라에 큰 지진이 났거나 전쟁이 발생했을 때 용돈을 받아도 평소와 같은 행복을 느낄 수 있을까?"

"용돈을 받는 사실 자체는 행복하겠지만 전쟁이 났다면 아무리 용돈을 많이 받아도 불행할 거고……. 정말 헷갈리네요."

"진아야, 항상 개인과 사회를 동시에 생각할 줄 아는 지혜가 있어야 해. 개인의 행복과 사회의 행복을 따지기 전에 개인 및 사회와 연관된 현대인의 삶의 특징을 한번 짚어볼 필요가 있어. 그러니까 내 말은 현대인은 개성을 상실한 삶을 살아가고 있다는 거야."

"선생님, 그 말씀은 현대에 들어와서는 인간의 사회화가 지나치게 이루어졌다는 뜻으로 이해해도 될까요?"

"퇴니에스* 라는 사회학자는 사회를 이익 사회와 공동 사회로 구분했어."

페르디난트 퇴니에스
(1855~1936)
독일의 사회학자. 본질의지가 공동 사회를, 선택의지가 이익 사회를 형성한다는 방식을 제시했다.

"사회가 이익 사회 따로 있고 공동 사회 따로 있나요? 제가 보기에는 어떤 사회든 이익 사회와 공동 사회의 측면이 다 있는 것 같은데요."

"진아가 제대로 짚었다. 사회에는 이익 사회와 공동 사회의 측면 두 가지가 다 있는데 현대 사회는 이익 사회의 측면이 극대화되고 공동 사회의 측면이 매우 약화되었단다."

"선생님, 이익 사회와 공동 사회가 어떤 건지 조금 알 것도 같긴 한데 잘은 모르겠어요. 좀 더 쉽게 설명해 주시겠어요?"

"진아야, 어떤 회사가 있다고 하자. 이 회사는 한마디로 자신들의 돈벌이에만 혈안이어서 다른 회사가 망하든 말든 눈 하나 깜짝하지 않고 또 직원들의 복지에도 관심을 두지 않아 오로지 회사의 이익만 챙기지, 이런 회사는 이익 회사라고 할 수 있어.

반면 이런 회사와는 질적으로 전혀 다른 회사가 있다고 해보자. 이 회사는 다른 회사들과 함께 손잡고 경영하면서 국가경제와 국제경제에 어떻게 이바지할지에 관심을 쏟고 직원들의 건강과 복지에도 최대한 관심을 기울이지. 우리는 이런 회사를 공동 회사라고 부를 수 있어.

선생님이 퇴니에스의 이익 사회와 공동 사회를 보는 관점은 방금 말한 이익 회사와 공동 회사에 대한 관점과 같은 거야."

"아, 이제 알겠어요. 이익 사회와 공동 사회는 그런 거군요. 그럼 현

대에 들어와서 인간의 사회화가 극대화되었다는 것은 현대 사회가
지나치게 이익 사회로 되었다는 말과 같은 건가요?"

"제대로 봤구나. 너도 키르케고르나 야스퍼스 그리고 하이데거나
사르트르 같은 실존주의 철학자들 알지?"

"예. 선생님, 그런데 실존주의에 관한 작은 소개서 한두 권 읽은 게
다여서 그들의 사상에 대해서는 제대로 알고 있는 게 없어요."

"여러 실존주의 철학자들이 현대를 일컬어 인간성 상실의 시대니
또는 소외의 시대니, 아니면 허무의 시대라고 한단다. 왜 그러는 줄
아니?"

"조금은 알 것 같아요. 현대인은 지나치게 대중화되고 사회화되었
기 때문에 현대를 소외의 시대라고 하는 거 아닌가요?"

"바로 그거야. 현대인은 개성을 상실하고 있어."

"그것은 곧 현대인은 개인의 특성, 곧 개성을 잃고 대중이나 사회
의 부속품처럼 되었다는 뜻이죠?"

장 보드리야르
(1929~2007)
프랑스의 사상가로, 사물
을 이미지와 기호로 분석
했다. 그는 현대 사회를 현
실과 가상현실의 경계가
없어진 것으로 일컬었다.

"그렇지. 프랑스의 사회학자 보드리야르° 같은
사람은 현대인을 지배하는 것은 코드나 기호라고
했어. 요새 가령, 회사, 공장, 상점, 백화점, 관공서
등을 보면 개인에 대한 정보가 대부분 전자화되
고 또 전산화되어 있지? 그것은 곧 개인이란 존재
가 코드화되고 기호화되어 있다는 거야. 지금은
퇴니에스가 공동 사회와 이익 사회를 구분했던 것보다 훨씬 더 극단
적으로 공동 사회와 코드 사회가 구분된다고 볼 수 있어."

"선생님, 요새 사회를 보면 공동 사회의 측면보다는 이익 사회나 코드 사회가 인간의 삶을 통째로 떠안고 있지 않나요?"

"하긴 그래. 인간과 사회를 대비해 놓고 볼 때 현대 사회에서는 지나치게 인간의 사회화가 진행되었어. 그래서 인간은 개성을 상실하고 대중 사회에 휩쓸려가고 있단다. 이제 우리는 미래지향적 삶에 대한 희망을 갖고 우리 사회의 인간화에 모든 관심을 기울여야 하고, 또 사회의 인간화를 실현하기 위해 모든 노력을 기울여야 한단다."

인간은 어디까지나 사회적 존재다. 개인의 이익을 추구하더라도 사회를 염두에 두고 타인을 배려할 때 도덕적 가치가 존재할 수 있다. 인간은 성장하는 과정에서 자신이 속한 사회에 다른 사람과 더불어 살아가는 데 필요한 지식, 사회적 역할, 규범, 문화적 가치와 신념 등을 배우게 된다. 즉, 사회 구성원이 되는 데 필요한 언어와 행동 양식을 배우고 그 사회에서 해야 할 일과 해서는 안 될 일들이 무엇인지를 알게 되는데 이것을 곧 사회화라 부른다.

인간은 사회화를 통해 개인적 차원에서는 개인의 개성과 자아를 형성하고, 사회적인 행동 양식을 습득하며, 사회적 소속감을 함양하게 된다. 사회적 차원에서는 사회 구성원 간의 문화를 공유하고, 다음 세대에 문화를 전달할 수 있으며, 사회의 유지 및 통합에 기여할 수 있다. 여기서 사회 구성원들 간에 문화를 공유하는 것은 구성원들이 똑같아진다기보다 생각이나 가치, 행동 등에서 공통분모를 지니게 된다는 것을 의미한다.

그러나 우리는 항상 지나친 인간의 사회화를 경계하고 사회의 인간화에 대한 방책을 염두에 두어야만 한다. 예컨대 퇴니에스의 이익 사회나 현대의 코드 사회는 인간의 사회화를 재촉한다. 즉 인간의 비인간화가 촉진된다. 그러나 공동 사회에서는 사회의 인간화가 실현된다. 회사, 공장, 상점, 백화점, 관공서 등의 이익 사회에서는 흔히 인간의 사회화가 심화되기 쉽다. 이러한 이익 사회에서 사회의 인간화를 실현하기 위해서는 친구들 사이의 우정이나 가정의 사랑 또는 도덕적 헌신이나 종교적 자비 등이 필요하며, 더 나아가서는 공정함과 열린 세계관이 요구된다. 개인의 행복은 사회의 행복과 불가분의 관계이므로 우리는 주관적인 개인의 행복을 지양함으로써 포괄적인 사회적 행복을 실현할 수 있다.

· 생각해 볼 문제 ·

1. 성과 쾌락이 어떤 관계인지 말해 보자. 성적 쾌락이 행복이라면 그것은 어떤 종류의 행복인가?

2. 본능적 쾌락에 비해 고양된 쾌락은 어떤 것인가? 좁은 의미의 쾌락과 넓은 의미의 쾌락이 각각 어떤 것인지 구체적으로 예를 들어서 설명해 보자.

3. 쾌감과 쾌정서를 어떻게 구분할 수 있을까? 인간의 감정에는 어떤 것들이 있는지 알아보고 쾌감이 어떤 이유에서 단순감정인지도 살펴보자.

4. 공리주의의 '최대다수의 최대행복'이라는 주장의 긍정적인 면과 부정적인 면에 대해 이야기해 보자.

5. 우리는 불우한 삶과 행복한 삶을 대부분 개인적 차원에서 이야기한다. 사회적 차원에서 볼 때 불우한 삶과 행복한 삶은 어떤 것인가?

6. 인간의 윤리적 목표에는 어떤 것들이 있는가? 돈, 명예, 건강, 권력, 장수 등은 삶의 목표가 아니고 수단이다. 그 이유를 생각해 보자. 행복은 어떤 이유에서 궁극적인 윤리적 목표인지 이야기를 나눠보자.

7. 이익 사회와 공동 사회의 특징은 무엇인가? 개인의 행복과 사회의 행복은 어떤 관계가 있는지 살펴보자.

179

6장

정의로운

사회와

행복

1
정의의
다양한 얼굴들

6세부터 13세까지 아동기를 지나면 인간은 청년기(청소년기)에 접어드는데, 이 시기는 13세부터 20세에 이르는 기간이다. 아동기의 아이들은 아직 사회를 잘 알지 못하고 도덕적으로는 타인으로부터 칭찬받는 착한 아이가 되려고 노력한다. 그러다 청소년기에 접어들면 법과 질서를 의식하고 지키려고 한다. 청소년들에게는 고급한 지적 능력이 생기며 점차 부모의 예속에서 벗어나게 되고 성적으로도 완전히 성숙하게 된다.

청소년들은 정의(正義)에 대해서 어떤 생각을 가지고 있을까? 여기에서 청소년들이 정의에 관해 논하는 것을 들어보자.

"나는 자본주의의 정의관에 찬성합니다. 자본주의의 생산관계를 형성하는 것은 자본과 생산수단과 노동입니다. 물론 정보화 시대에 와서는 자본주의의 요소를 기술과 아이디어까지 합해 다섯 가지로 보기는 합니다만, 어떻든지 간에 자본주의 사회에서는 개인들이 능력을 최대한 발휘해서 각자가 정치적이고 경제적인 힘을 가지고 서로 의사소통하면서 사회의 균형을 이루려고 합니다. 이것 바로 자본주의에서의 정의입니다.

그러다 보면 개인들 간의 정치·경제·문화적인 격차가 너무 심해질 위험도 있기는 하지만 그런 격차는 곧 좁혀집니다. 개인들 간에 경쟁을 하고 또 끊임없는 의사소통으로 그런 격차의 문제점을 지적하고 교정할 테니까 말입니다."

"나는 다르게 생각해요. 부유함이나 권력이 특정인들에게 몰려 있는 사회에서 그것들을 모든 사회구성원에게 골고루 분배할 수 있는 강제적인 제도가 없다면 결코 정의가 실현될 수 없습니다. 그래서 나는 교정적 정의가 아니라 분배 정의가 중요하다고 생각합니다.

내가 말하는 정의는 사회주의나 공산주의의 정의에 가깝습니다. 나는 물론 국민을 노예로 만들어 공산당의 일당 독재로 이뤄지는 독재 정치에는 전혀 찬성하지 않습니다. 대의민주주의 정치 체제 아래에서 모든 국민에게 부와 권력, 교육과 집회, 결사 등에 관한 기회가 균등하게 분배되는 정의가 바로 나의 이상입니다."

"앞의 두 사람의 주장에도 저마다 일리가 있습니다만, 교정적 정의도 힘들고 분배 정의도 현실적으로 실현하기 쉽지 않습니다. 가진 사람들은 결코 기득권을 빼앗기지 않으려고 하기 때문에 가진 사람들이 지배하는 사회의 제도나 규범을 교정하기란 현실적으로 어렵습니다.

사실, 분배 정의를 실현하려면 국가가 아주 강력한 힘을 가지거나 아니면 국민들의 의식 수준이 매우 높아서 타인을 나와 같이 목적으로 대하는 윤리적 가치가 당연한 것으로 인정되어야 합니다.

나는 정의가 윤리적 가치의 최고 단계고 이것을 가능하게 하는 것은 교육이기 때문에 교육이 바로 정의라고 생각합니다. 배우지 않으면 인간은 야만의 상태고 싸움밖에 할 게 없어요. 모름지기 사람은 배워야 제대로 된 인격을 갖추게 되고 최고의 윤리적 가치인 정의가 실현될 수 있는 거죠. 인간의 교육은 유인원이나 일부 고등동물에게서도 볼 수 있는 단순한 학습 차원이 아닙니다. 인간의 교육은 문화적 창조예요. 인간은 배우면서 가르치고 이 과정을 통해 문화를 창조합니다. 그런가 하면 인간은 문화에서 배우기 때문에 문화의 피조물이기도 하죠.

그릇된 교육도 정의냐고요? 당연히 아니죠. 지금까지 내가 말한 교육은 인간을 긍정적으로 가르치는 교육입니다. 그릇된 교육은 당연히 불의지요."

"그렇게 복잡하게들 늘어놓을 필요가 있을까요? 정의가 뭐예요? 인간의 올바름 그리고 더 나아가 사회의 올바름이 정의 아닌가요? 그것이 실현되기 위해선 평등이 가장 중요하다고 봅니다.

그런데 불행히 인간은 사회적 동물입니다. 함께 살기 때문에 재벌도 있고 권력 있는 사람도 있으며 명예를 가진 사람도 있어요. 어떤 부자는 이 세상에 자기 혼자만 살고 자기 혼자 노력해서 돈을 번 것처럼 착각합니다. 또 어떤 독재자는 자기 혼자만 인간다운 인간이라고 생각하고 절대 권력을 마구 휘둘러대죠. 만일 사회라는 테두리 안에서 나 같은 남 그리고 남 같은 나를 인정하지 않고 오직 자기 혼자만 돈과 권력을 모두 가졌다고 확신하는 사람이 있다면 그런 사람은 문제가 있는 사람입니다.

그래서 나는 인간의 올바름 그리고 사회의 올바름의 기초는 인간 평등이라고 생각합니다. 그렇기 때문에 정의는 바로 평등일 수밖에 없습니다."

우리가 정의라는 말을 할 때 그것은 어디까지나 사회 정의다. 개인의 정의를 말할 수 있는 것은 사회 정의 테두리 안에서다. 만일 어떤 인간이 홀로 무인도에서 사회와 단절되어 살아간다면 그에게는 정의라는 말이 무의미하다. 왜냐하면 정의란 인간관계에서 성립하기 때문이다.

우리는 자본주의 입장에서 정의를 주장할 수 있고 또 사회주의 입장이나 수정주의 입장에서 정의를 말할 수 있다. 아니면 플라톤의 입장이나 공리주의 입장 또는 칸트의 입장에서 정의를 이해할 수 있다. 그런데 이러한 입장들은 상당한 사유 과정을 거친 철학적 입장들이어서 상식적 의미의 정의와는 꽤 거리가 있다.

위에서 살펴본 청소년 네 명의 정의에 관한 견해는 상징적 차원의 것이다. 솔직히 말해서 동양 사회, 특히 과거의 우리 사회에서는 정의 개념보다는 오히려 의리 개념이 현실적으로 더 강한 힘을 발휘했다.

다음과 같은 이야기를 들어보자.

옛날 중국 어느 마을에 큰 절도를 하고 도피하는 아버지를 둔 아들이 아버지가 큰 죄를 지었으니 관헌에 아버지를 고발해야 할지, 관리가 찾아와서 아버지가 어디 숨었는지를 물어도 부자지간의 혈육관계니 시치미 딱 떼고 모른다고 숨겨야 할지 고민에 빠졌다. 그러던 중 공자에게 찾아가서 어찌 해야 하느냐고 물으니 공자는 "아버지니까 당연히 감싸고 숨겨야 한다"고 답했다고 한다.

지금 우리 사회에서는 정치, 경제, 사회의 여러 측면, 특히 인간 상호 간의 관계에 있어서 아직도 정의보다는 의리가 더 힘을 발휘하는 경향이 강하다. 과거의 전통적인 농경 사회에서는 혈연관계가 사회를 지배했고 장유유서(長幼有序)에 의해 도덕적 가치가 유지되었기 때문에 당연히 의리가 도덕적 가치의 으뜸이었을 것이다.

그러나 지금 우리는 정보화 시대에서 살아가고 있다. 이제 우리는 의리와 정의를 혼동해서는 안 된다. 이제는 상식적 정의를 넘어서서 민주주의 사회 정의를 실현해야 할 시점에 와 있는 것이다.

2

자유와 권리와 의무는
어떤 관계가 있을까

일반적으로 사람들은 권리와 의무를 상반되는 것으로 생각하는 경향이 있으며 권리가 곧 정의라고 생각하기도 한다.

민철이와 선생님의 대화를 들어보자.

"민철아, 어제 고등학교 3학년 어느 반 학생들이 교실과 복도, 운동장에서 집회를 했다는데 무슨 내용인지 혹시 아니?"

"알긴 아는데 그게 좀……."

"왜? 말하기 곤란하니? 곤란하면 말하지 않아도 된단다."

"뭐 말하기 곤란할 것까지는 아니고요, 3학년 선배들이 꽤 많이 모였어요. 학교에 두 가지 요구 사항을 전달하고 그것으로 끝났어요."

"선생님이 보기엔 오전 내내 시끌시끌하던데?"

"그래도 선배들이 아주 질서정연하게 교실에서, 복도에서 그리고 운동장에서 각각 한 번씩 요구 사항을 크게 읽고 나서 해산했어요."

"요구 사항이 뭐니? 대강은 들었다만 구체적으로 어떤 것 때문에 집회를 했는지는 잘 모르겠구나."

"첫째는 질 좋은 교육을 받을 권리를 달라는 것이었어요."

"질 좋은 교육? 어떤 걸 말하는 거지?"

"암기식 교육을 지양하고 토론과 세미나식 교육을 받게 해달라, 그런 요구였어요."

"올바른 요구구나. 그런데 지금 고3 현실에서 갑자기 그렇게 바꿔도 될까? 그건 교육에서 혁명적인 변화가 필요한 거란다. 유치원 교육부터 토론식 교육이 되어야 하는 거지. 그래야 청소년들이 창의성, 비판 정신, 자발성 그리고 응용력을 두루 갖출 수 있으니까 말이다. 우리 청소년들은 모방력, 적응력, 순응성 등은 아주 뛰어나. 하지만 앞으로 나라를 이끌고 세계에서 앞장서기 위해서는 어려서부터 토론식, 세미나식 교육을 받아야 한단다. 그럼, 둘째 요구 사항은 무엇이었니?"

"시설을 개선해 달라는 거였어요. 질 좋은 여건에서 교육 받을 권리를 요구한 거죠. 사실 거기엔 저도 동감해요."

"질 좋은 교육 여건이라……. 어떤 걸 말하는 거지?"

"선배들이 시급하게 요구한 것은 두 가지인데 하나는 도서관 증축이고 또 하나는 실내체육관 신축이에요. 제가 봐도 도서관이 비좁은데다 시설도 너무 낡았고 책도 별로 없어요. 학교 운동장은 눈이나 비가 오면 질퍽거려서 나가서 걷기도 힘들어요. 그러니까 전천후 실내운동장을 신축해 달라는 거죠."

"그렇구나. 그런데 민철아, 내가 듣기에는 학교 정의 실현, 뭐 그런 외침도 들리던데?"

"그건 질 좋은 교육을 받을 권리와 질 좋은 여건에서 교육받을 권리를 쟁취해서 학교 정의를 실현하자, 뭐 그런 거죠."

"그래? 선생님이 보기에는 그건 좀 편파적으로 들리는구나. 학교는 물론 미래의 기둥인 청소년을 교육하는 장소니까 청소년, 바로 학생들이 중심인 것은 사실이야. 하지만 학생들과 선생님들 그리고 학교 시설과 학교 제도 등이 함께 조화되어야 학교 정의가 이뤄지는 것 아니겠니? 학생들의 권리만 요구하는 것은 학교 정의와는 거리가 있는 것 같구나. 민철이 너는 어떻게 생각하니?"

"선생님, 학교 정의는 선생님 말씀대로 학생들, 선생님들, 학교 시설, 학교 제도 등이 어울려서 조화를 이뤄야 실현되는 것은 사실이에요. 그런데 저는 선배들의 주장이 일리가 있다고 봐요. 학교 시설이 너무 낙후되었고 또 학생들에 대한 학교나 선생님들의 관심과 열의가 좀 부족해 보여요. 저는 선배들의 요구가 지나치다고 생각되진 않아요."

"그렇게 생각할 수도 있겠구나. 그런데 민철아, 또 하나 내가 지적하고 싶은 것은 학생들의 권리 요구 방식의 문제다. 절차를 무시한 이런 방식은 민주적이지 않아."

"그건 무슨 말씀이세요?"

"민철아, 선배들이 전체 학생 회의를 열어서 이 문제를 사전에 충분히 논의했니? 내가 알기로는 그런 문제로 회의를 연 적이 없더구나. 게다가 선생님들과도 일체 상의나 논의 없이 특정 학생들이 주동이 되어 거의 즉흥적으로 운동장 집회로 이어진 것 같더라."

"선생님, 선배들이 절차민주주의를 고려하고 또 전체 학생 회의를 소집해서 토론한 다음 학교에 요구 사항을 제시할 정도로 성숙하지 못한 건 사실이에요. 하지만 국회에서도 아직 절차민주주의가 제대로 이행되지 못하고 있는데 학생들에게 절차민주주의를 기대하는 것은 무리가 아닐까요?

우리 학교에서는 여러 면에서 학생 교육에 성의를 다했으면 하고, 또 시설을 개선했으면 하는 것이 모든 학생의 소원이니 학교 측에서는 선배들을 나무라지 말고 함께 고민하고 학교 교육과 시설 개선에 총력을 기울였으면 해요."

"그래. 네가 말한 대로 구성원이 모두 뜻을 같이 하면 학교 교육과 시설이 대폭 개선되겠지. 그건 그렇고 민철아, 요새 중소기업이나 대기업의 파업을 볼 때 노동조합원들은 권리를 정의로 알고 의무는 거론하지 않는데 그건 왜 그렇다고 생각하니?"

"많은 사람이 권리와 자유와 정의를 동일한 것으로 생각하는 경향이 있어요. 노동자들이 파업을 할 때는 권리 요구가 제대로 받아들여지지 않기 때문인 거죠."

"노동자들은 왜 더 많은 임금, 더 쾌적한 노동 조건, 적절한 휴가 등에 관한 조치를 요구한다고 생각하니?"

"그거야 물론 자유로운 삶을 영위하기 위해서죠."

"그럼 자유로운 삶은 의무와는 전혀 상관이 없을까? 그리고 권리나 정의는 의무와 무관할까?"

"선생님, 많은 사람이 의무를 강제로 알고 있기 때문에 의무에 대해서는 거부감을 갖는 게 사실이에요."

"민철아, 칸트는 '너는 마땅히 해야만 하기 때문에 할 수 있다'고 말했단다. 말하자면 선이나 도덕법칙을 당연히 행해야 하기 때문에 어떤 행동을 할 수 있다는 거지. 그렇다면 의무 때문에 자유가 있고 자유롭게 행동할 수 있기 때문에 권리를 주장해서 정의를 실현할 수 있다는 이야기가 성립된단다."

우리는 의무는 도외시하고 권리만 주장하면서 그런 행동이 정의롭다고 생각하기 쉽다. 그러나 의무와 권리는 양면이다. 사회 정의는 의무를 성실히 이행하면서 정당한 권리를 주장할 때 실현될 수 있다.

3
절차민주주의와
사회 정의

　고대 그리스 철학자 플라톤의 대표 저술은 『국가』다. 그는 자신의 철학 이론을 현실에 실천적으로 반영해 이상국가를 건설하는 것을 목적으로 삼았다. 플라톤은 고대 그리스 철학에서 정의를 체계적으로 정리한 최초의 인물이다. 그런가 하면 공리주의는 영국의 벤담에 의해서 주창되었고, 후에 밀에 의해 발전된 윤리학설로서 각 개인의 이익을 만족시키는 공리(功利)를 정의로 보았다. 앞으로 더 포괄적이고도 종합적인 관점에서 정의를 살펴보기 위해 여기서는 플라톤의 정의와 공리주의의 정의에 관해 알아보자.

　진아와 아버지의 대화를 들어보자.

　"아빠, 플라톤은 어떤 철학자예요? 어떤 사람은 플라톤을 공자와 비교하는데 그렇게 비교할 수 있는 거예요?"

"물론 플라톤과 공자를 비교할 수 있지. 플라톤은 고대 그리스 철학자로 소크라테스의 제자이고 아리스토텔레스의 스승이야. 플라톤은 자신의 정치 철학을 실현하기 위해 세 차례나 시라큐스를 방문해서 시라큐스의 왕에게 자신의 이론을 국가 통치에 반영해 주기를 청했으나 뜻을 이루지 못했단다. 그런가 하면 공자 역시 여러 나라의 왕들에게 통치 철학을 이야기하고 잠시 동안 작은 나라의 재상도 지냈지만 자신의 정치 철학을 실현하지는 못했지.

플라톤은 아카데모스의 숲에 아카데미아라는 학교를 세우고 그곳에서 제자들을 가르쳤어. 공자도 이곳저곳에서 수많은 제자를 가르쳤는데 전해지는 말로는 그가 가르친 제자가 3천 명이라고도 하지.

플라톤은 체계적인 철학자인 반면에 공자는 이론보다는 오히려 실천적 삶에서 모범을 보인 사상가란다. 그래서 공자는 플라톤보다는 오히려 소크라테스와 필적한다고 보고 후세 사람들은 공자와 소크라테스를 석가모니, 예수와 함께 4대 성인으로 꼽지."

"아빠, 플라톤 철학의 중심 사상이 이데아론과 정의론이라는데 두 가지가 서로 연관성이 있어요? 아니면 전혀 서로 무관한 거예요?"

"이데아론과 정의론에 관해서 혹시 아는 게 있니?"

"이데아론에 대해서는 좀 아는데 정의론은 전혀 모르겠어요."

"그럼, 플라톤의 이데아론을 아주 짤막하게 정리해 보겠니?"

"플라톤은 이원론자로 세계를 현상계와 이데아계로 나눴어요. 하나의 세계가 두 측면을 가지고 있는 거예요. 우리가 감각경험으로 아는 세계는 현상계이고 이성으로 아는 불변하는 세계는 이데아계라는 거죠. 그러니까 이데아계는 결국 현상계의 원형이고 모범이에요.

아빠, 어떻게 그 옛날 옛적에 이렇게 심오한 생각을 할 수 있었을까요? 다시 말해서 현상계는 이데아계를 모방한 세계이며 이데아계의 그림자 세계라고 할 수 있는 거죠. 그런데 정의론은 현상계나 이데아계와 무슨 관계인지 모르겠어요."

"진아야, 플라톤은 거대한 체계의 철학자이기 때문에 그가 정의한 개념들은 서로 밀접한 연관성이 있단다. 이데아계에는 무수한 이데아들이 있지? 무수한 이데아 중 최상의 이데아는 선(善)의 이데아야. 결국 플라톤 철학의 궁극 목적은 선을 알고 선에 도달하는 것이란다. 진아야, 집중해서 잘 들어봐. 사회의 정의나 국가의 정의를 왜 실현하려고 하는 걸까? 그것 역시 선에 도달하기 위해서야."

"아빠가 그렇게 설명해 주니까 막혔던 귀가 뻥 뚫리는 것 같아요. 이데아론과 정의론은 정말 불가분의 관계군요."

"그렇지. 이제 잘 알겠지? 그렇다면 진아야, 지혜와 용기, 절제에 대해서는 알고 있니?"

"그것들은 윤리적 가치들이나 덕들인데 플라톤의 정의론과 관계가 있는 거예요?"

"아무렴. 플라톤은 개인 차원의 정의와 국가 차원의 정의를 이야기했어. 지혜, 용기, 절제의 세 가지 덕을 가진 사람은 정의로운 사람이야. 그러니까 덕 중 최고의 덕은 정의인 거지. 다시 말해서 지혜와 용기와 절제가 조화를 이루면 그것은 바로 정의의 덕이란다."

"그럼, 정의로운 국가는 어떤 국가예요?"

"정의로운 개인을 확장하면 정의로운 국가가 된단다. 국가도 지혜와 용기와 절제가 있어야 하는데, 왕이나 철학자는 지혜를, 무사는 용기를, 생산계층(농·상·공 종사자)은 절제의 덕을 가져야 한다는 거지. 그러니까 이들 세 계층이 조화를 이루고 정치적으로 발전하는 국가를 정의로운 국가라고 했단다."

"아빠, 그러면 플라톤의 정의는 아직 자유나 평등과 같은 개념들은 깊이 고려하지 못한 거라고 봐도 되겠네요?"

"맞아. 오늘날 우리가 생각하는 사회 정의는 정말 길고도 긴 역사 과정을 거쳐 형성된 거란다. 로마는 하루아침에 이뤄지지 않았다는 말도 있잖니?"

"그런데 공리주의의 정의론은 어떤 거예요? 벤담이 '최대다수의 최대행복'을 주장한 것은 저도 알아요. 대다수의 사람이 물질적인 욕망을 충족해서 만족하면 그것이 행복이라는 것이 공리주의의 행복론이죠? 그럼 공리주의의 정의론은 어떤 거예요?"

"진아야, 공리주의의 행복론을 정의론과 연관시킬 수 없을까?"

"공리주의에서 말하는 행복은 쾌락이고 여기에서 말하는 쾌락은 어디까지나 개인적인 게 아닐까요? 그러나 정의는 사회적인 것이고 동시에 국가적인 거잖아요. 그러니까 행복과 정의는 서로 관계가 없을 것 같아요."

"한번 들어보렴. 사회는 개인들로 이루어졌지?"

"그거야 당연하죠."

"사회 제도가 사회에 속하는 개인들이 최대만족을 달성할 수 있게 조직되어 있다면 그런 사회는 정의로운 사회라는 것이 공리주의의 주장이야."

"아빠, 좀 더 쉽게 설명해 주면 안 돼요?"

"공리주의는 최대다수의 최대행복을 말하지? 최대다수의 최대행복이 바로 정의라고 말이다. 최대다수의 최대행복이 보장되고 실현되기 위해서는 사회 제도가 제대로 조직되어 있어야 하겠지. 물론 벤담이나 밀이 최대다수의 최대행복만 주장한 것은 아니야."

"하지만 공리주의도 인간의 자유나 평등과 정의를 밀접하게 연관시키지는 못하잖아요?"

우리는 오늘날 절차민주주의를 말하며 롤스의 공정으로서의 정의 원칙에 관해서도 다양한 의견을 개진한다. 과거에 비해 사회도 그만큼 많이 변했고 따라서 우리의 윤리적 가치관도 닫힌 도덕에서 열린 도덕의 길로 들어선 것이다. 이제 우리는 절차민주주의를 주장하면서 자유와 평등을 요구하고 동시에 사회 정의의 실현을 갈망한다. 인간은 어디까지나 윤리적 존재로서 사회 정의를 최상의 현실적 가치로 인정하지 않을 수 없기 때문이다.

4

왜 우리에게는
정의 개념이 부족할까

21세기에 들어와서 우리나라는 경제적으로 괄목할 만한 발전을 이루어 수출액으로도 10위 권 안에 드는 국가가 되었고, UN의 원조를 받던 나라에서 이제는 빈곤 국가를 원조해 주는 국가가 되었다. 1970년대까지만 해도 우리의 경제 수준은 북한보다 못했지만 지금은 북한과 비교할 수 없을 정도다.

경제력으로는 비약적 발전을 이루었지만 정치나 사회 윤리는 어떨까? 다시 말해서 우리의 도덕적 가치 의식 수준은 어느 정도일까?

진아와 선생님의 대화를 들어보자.

"선생님, 일본은 경제적으로는 선진국이지만 정치적으로는 후진국이라는 말을 들었어요. 우리나라도 마찬가지 아닌가요?"

"진아야, 그 말이 구체적으로 어떤 의미인지 알고 있는 거니?"

"그럼요. 일본은 우선 양질의 상품을 많이 생산해서 세계 곳곳에 시장을 확보하고 있고 또 돈이 많잖아요. 그런데 일본의 정치는 정치 윤리가 약한 것 같아요. 파벌 정치가 너무 심하고 또 정치계에서 뇌물이나 청탁 같은 부정부패가 사라질 줄 모르잖아요. 그러니까 정치적으로는 후진국인 거죠."

"그럼, 우리나라는 어떤 것 같니?"

"제가 보기에는 우리나라도 일본과 비슷한 것 같아요. 경제적으로는 선진국 문턱에 들어섰다는데 정치적으로는 여전히 후진적이에요."

"진아야, 구체적으로 정치의 후진성이란 어떤 건지 말할 수 있니?"

"선진민주정치는 정당정치로 알고 있어요. 모름지기 정당은 국민을 위해서 무엇을 어떻게 하겠다는 구체적인 정책에 의해서 특징지어져야 해요. 그런데 우리나라의 정당들은 정책 중심의 정당들이 아니고 지역이나 인물 중심의 정당이에요. 그러니까 정치가 후진적이라는 소리를 듣는 거예요."

"이건 좀 다른 질문인데……. 우리에게는 정의 개념이 부족한 것 같다고 보거든. 정치가 후진적인 이유는 정의 개념이 결여되어 있기 때문이 아닐까?"

"갑자기 좀 헷갈리는데요. 저도 선생님과 같은 생각을 했어요. 그런데 저는 정의를 올바른 것, 그런 정도로 알고 있는데 가만히 생각해 보면 그건 너무 애매해요. 정의는 결국 사회 정의라야 하고 정치적 정의여야 할 텐데 정확히 어떤 거라고는 설명하지 못하겠어요."

"진아야, 우리 사회에 정의 개념이 부족하다 보니, 어찌 보면 학생인 네가 정의에 대해서 확실히 말하지 못하는 게 당연한지도 모르겠구나. 서양에서는 정의 개념이 명확히 성립된 반면, 동아시아권에서는 정의 개념이 발달하기 힘든 여건이었단다. 간단히 서양인과 우리의 과거를 비교해 보자꾸나.

서양인들의 생존 조건은 너무 열악했어. 서양인들은 열악한 환경에서 사냥과 목축을 통해서 생존했고 유럽이라는 하나의 땅덩어리 안에서 수없는 민족 전쟁을 치르지 않을 수 없었단다."

"아, 선생님, 사회 정의도 문화적인 역사와 전통을 배경으로 삼는다, 이 말씀인 거죠?"

"그렇지. 인간의 정신은 하루아침에 뚝딱 형성되는 게 아니야. 문화도 마찬가지고. 또 인간의 가치의식도 순식간에 형성되는 게 아니란다. 정의는 사회의 도덕적 기초야. 만일 사회구성원 개개인이 어느 정도 확실하게 사회 정의를 의식하고 있다면 그와 같은 사회는 두말할 필요도 없이 선진 사회라 할 수 있지."

"선생님, 과거 우리나라는 농경 사회였어요. 농경 사회는 구조가 비교적 단순하고 정치 구조는 수직적이어서 왕권중심주의 정치였지요. 당시에는 대의민주주의라는 것도 없었고 개인의 자유나 평등은 상상조차 할 수 없었어요. 말 그대로 백성들은 배부르고 등 따뜻하면 행복하다고 생각했을 테니까요."

"아무렴. 그랬지. 사회 정의는 개인의 권리가 주장되면서부터 나타나기 시작했단다. 과거 우리네 농경 사회는 그야말로 집단 사회였고

대가족제도 중심이었어. 대가족에서는 경험 많은 어른의 말이 곧 법이었단다. 그러니까 개인의 권리와 평등을 주장하는 정의보다는 오히려 혈연적 의리가 더 중요했지."

"선생님, 제가 보기에는 아직도 우리에게는 가족 간의 끈끈함이 매우 강한 것 같아요. 그게 의리겠지요?"

"진아야, 의리에 살고 의리에 죽는다는 말은 들어봤어도, 정의에 살고 정의에 죽는다는 말은 못 들어봤지? 그만큼 의리는 강력한 결속력을 가지고 있는데, 그게 다 농경문화의 영향 때문일 거야."

"선생님, 우리 문화의 배경은 농경문화지만 지금은 더 이상 농경 사회가 아니잖아요. 지금 우리는 식량을 많은 부분 수입에 의존하고 있어요. 자급자족할 수 있는 농산품은 쌀을 포함해서 몇 가지 안 된다고 하더라고요. 이제는 세계가 좁아졌고 우리는 세계열강들과 같은 국제무대에서 생존 경쟁을 치르지 않으면 안 돼요. 그래서 경제적으로는 물론 정치와 사회적으로도 안정되지 않으면 안 된다고 봐요."

"이제는 더 이상 의리를 외칠 때가 아니야. 의리는 너무 주관적이란다. 이제는 사회 정의를 실현하는 데 주의를 기울여야 할 때지."

"그렇지만 선생님, 서양식의 사회 정의를 우리나라에 그대로 적용하는 것은 문제가 있지 않을까요? 우리의 고유한 사회 정의가 있지 않을까요?"

"참으로 적절한 지적이구나. 일단 사회 정의를 사회의 올바름이라고 추상적으로 이야기할 수 있고 더 나아가서는 사회 제도의 도덕적 기초라고 할 수 있지. 구체적인 정치 현실을 어떻게 정의롭게 발전시키느냐는 우리 모두의 과제다."

우리나라는 민주주의 경험이 채 백 년도 되지 않는다. 마찬가지로 사회 정의에 대한 경험도 매우 짧다. 그러나 민주주의 교육에 대한 열망은 어느 나라보다도 강하며 사회 정의 실현에 대한 요구 역시 강하다. 사회 정의를 올바로 의식하고 제대로 실현하기 위해서는 더 심도 있는 이론적이고 실천적인 민주주의 교육이 절실히 요구된다.

5
자유민주주의와 공정함

어떤 사람이 행복한 사람이고, 어떤 사회가 행복한 사회일까? 옛말에 국태민안(國泰民安)이라는 말이 있다. 국가가 태평하고 국민이 살기가 평안(平安)하다는 말이다. 또 태평성세(泰平盛世)라는 말도 있다. 나라가 안정되고 평안해서 아무 걱정도 없이 번창한 세대라는 뜻이다. 상식적으로 생각하면 국가가 안정되고 국민이 배부르고 등 따듯하면 사회도 행복하고 개인도 행복할 것이라고 생각할 것이다. 그러나 인간은 어디까지나 윤리적이고 도덕적인 존재이기 때문에 사회제도의 도덕적 기초를 도외시하고는 행복해지기 힘들다.

단순히 먹고 마시고 잠자고 쾌락을 충족하는 것만을 행복이라고 할 때는 좁은 의미의 행복을 말한다. 반면에 자신이 사회적 존재임을 의식하고 의무와 권리를 이행하며 자발적으로 다양한 사회적 가치의 평등을 실현한다면 우리는 사회의 행복에 기여하는 행복한 개인이 되는 것이다. 다시 말해서 선이라든가 정의와 같은 사회의 도덕적 기초에 대해 확실한 의식을 가지고 그것을 구체적으로 실현하는 사람이야말로 넓은 의미에서 진정한 행복을 누리는 사람이라는 뜻이다.

민철이와 아버지의 대화를 들어보자.

"아버지, 요새 롤스[•]라는 미국 하버드 대학교 교수가 쓴 『정의론』이라는 책을 읽고 있어요. 한 문장 한 문장이 너무너무 중요한 것 같기는 한데 제 수준이 낮아서 그런지, 아니면 책이 너무 어려워서 그런지 이해하기가 참 힘들어요. 아버지는

존 롤스
(1921~2002)
미국의 철학자로, 사회 정의 원리를 '공정으로서의 정의론'이라 주장했다.

평소에 사회 철학이나 법 철학책들을 많이 읽으시니까 롤스의 『정의론』을 제가 이해할 수 있게 설명해 주실 수 있을 것 같아요."

"네가 요 며칠 동안 늦게까지 불을 끄지 않아서 너무 무리하게 공부하는 것 같아 걱정했는데, 『정의론』을 읽고 있었구나. 참 대견하다. 하지만 아직은 이해하기 힘든 게 당연하지. 대학원생들한테도 쉽지 않은 책이니까 말이야. 그렇지만 꼼꼼히 한 문장씩 읽어나가는 인내심만 있으면 곧 이해할 수 있을 거다. 우선 롤스가 1971년에 출판한 『정의론』의 목적이 뭔지 아니?"

"그거야 물론 정의를 설명하고 정당화하는 거겠죠."

"어떤 정의냐가 중요하지."

"그건 사회적 정의예요."

"더 구체적으로 말한다면?"

"민주사회의 정의요?"

"롤스의 말을 빌리자면, 그가 뜻하는 정의는 '공정으로서의 정의'야. 롤스는 플라톤, 아리스토텔레스 그리고 공리주의와 칸트 등의 정의론을 모두 고찰한 후에 비판적 입장에서 자신의 고유한 '공정으로서의 정의'를 주장하게 되었단다. 롤스는 말하자면 다원적 자유주의 입장에서 민주주의 사회에 가장 적합한 도덕적 기초를 제시하려는 목적으로『정의론』을 출판하게 되었단다."

"아버지, 정의도 결국은 인간의 행복을 위한 것 아닌가요?"

"당연하지."

"그런데 누구에게나 정의가 가능할 것 같지는 않아요."

"그럼, 어떤 인간에게 정의가 가능할까?"

"제가 롤스를 읽어본 바로는, 자유롭고 평등하며 합리적이고 도덕적인 정의감을 가질 수 있는 개인들에게만 정의가 가능해요."

"그러면 롤스는 정의를 왜 공정으로서의 정의라고 했을까?"

"기본적인 사회 제도, 곧 정치 조직과 재산과 시장, 가정 등을 자유로운 개인들이 평등하게 규제할 원칙이 필요한데, 그런 원칙은 어떤 개인에게도 치우치지 않는 공평무사한 것이 아니면 안 되니까 롤스는 공정으로서의 정의를 말했다고 생각해요."

"민철아, 롤스가 말한 공정으로서의 정의는 두 가지 원칙을 가진다고 했는데 어떤 내용인지 알고 있니?"

"자세히는 몰라도 대강은 알아요. 사회 정의 원칙에는 두 가지가 있는데 하나는 평등한 자유의 원칙이고 다른 하나는 차등의 원칙이에요. 사회 정의가 실현되고 유지되기 위해서는 개인들의 자유가 우선 평등해야 해요. 왕권 중심의 전제국가를 비롯해서 독재국가나 귀족주의국가에서는 개인들의 자유가 평등하지 않으니까 사회 정의가 구현되기 힘들죠. 그러니까 입헌민주주의 국가에서만 평등한 자유가 가능한 거예요.

그런데 아버지, 차등의 원칙은 이해가 잘 안 돼요. 개인의 능력에 차이가 있다는 뜻이잖아요. 그 말에 따라 정치 조직, 재산, 시장 및 가정을 규제하는 데 있어서 개인의 차이를 인정하면 공정으로서의 정의가 불가능할 텐데 롤스는 왜 차등의 원칙을 사회 정의의 둘째 원칙으로 제시한 거죠?"

"조금만 더 생각하면 아주 간단하단다. 정의는 일종의 사회 계약이야. 차등 원칙을 알기에 앞서 롤스의 정의론의 기본을 먼저 좀 설명해 보마.

정의론을 말하려면 원초 상황이 필요해. 롤스는 원초 상황을 근원적 입장 또는 일차적 상황이라고도 했단다. 원초 상황은 바로 합의 절차야. 자유롭고 평등하며 도덕적 정의감을 가진 개인들(시민들)이 공정한 원초 상황에서 채택하는 것이 바로 공정한 사회 정의의 원칙이란다."

"그러면 아버지, 처음에 말씀하신 대로 원시 사회나 독재 사회에서는 공정한 정의란 불가능하겠네요?"

"당연하지. 그럼 다시 본론으로 돌아가자. 공정으로서의 사회 정의

의 첫째 원칙은 평등한 자유의 원칙이야. 둘째 원칙은 차등의 원칙이
지? 우리는 재산이나 권리 또는 명예 등에서 개인의 차이를 인정하지
않을 수 없잖니. 그런데 차이를 인정하는 걸로만 끝나면 공정으로서
의 정의는 의미가 없겠지. 그러니까 누구에게나 재산, 교육, 집회, 직업
등에서 균등한 기회의 원칙이 적용되어야만 개인 간의 차이가 최대한
좁혀질 수 있단다. 차등의 원칙은 한편으로 개인의 차이를 인정하면
서도 또 한편으로는 그런 차이를 최대한 좁히기 위한 원칙이야."

오늘날 우리가 자유민주주의 사회체제를 옹호하는 이유는 바로 자유민주주의 사회에서 롤스가 말한 공정으로서의 정의가 제대로 실현될 수 있기 때문이다. 롤스의 정의론에 있어서도 시민들이 도덕적 정의감을 과연 어떻게 가질 수 있는가 하는 문제가 남긴 하지만 그의 정의론은 오늘날 가장 설득력 있는 윤리적 기초다.

6

배움과 교육,
민주주의의 필수 조건

입헌민주주의
국민의 인권이 헌법에 따
라 보장된다고 주장하는
정치원리

대의민주주의
간접민주정치라고도 한
다. 오늘날 대부분의 나라
에서 채택하는 정치 형식
으로, 국민이 뽑은 대표자
가 공공의사를 결정한다.

오늘날의 입헌민주주의*와 대의민주주의*는 하루아침에 이뤄진 것이 아니다. 이들은 로마가 단기간에 이뤄지지 않은 것처럼 길고도 험난한 과정을 거쳐서 성립된 것이다. 입헌 및 대의민주주의에서 시민들은 자유와 평등을 누리며 롤스가 말한 공정으로서의 정의를 실현하고 있다.

아리스토텔레스는 정치 형태의 변화 과정에 따라 왕정, 전제정치, 귀족주의, 과두정치(寡頭政治), 민주주의 등을 언급했다. 왕국에서는 가장 재능 있는 한 사람의 왕에 의해서 민중이 지배를 받는다. 그런데 가장 재능 있는 왕이 아니라 가장 힘 있는 자가 지배할 경우 왕국은 몰

락하고 전제국가가 생긴다. 이때 다수의 귀족들이 전제군주를 배제하고 함께 정권을 소유할 경우 백성은 전제국가보다 높은 문화 수준의 귀족주의로 이행한다. 그후 가장 영향력 있는 몇 사람의 정치가가 정권을 잡을 경우 귀족주의는 과두정치로 이동한다. 그런데 백성들이 정권을 소유하게 되면서 백성들은 자신들의 정치적 운명을 스스로 이끌어가는 민주주의를 형성한다. 민주정치에서도 사회의 하층민이 권력을 소유하는 위험, 다시 말해서 천민정치의 위험이 도사리고 있다. 아리스토텔레스에 의하면 다수의 하층민이 권력을 소유하는 민주정치에서는 기본적 도덕감이 결여된 하층민이 이기적인 권력을 행사함으로써 공공의 정의가 실현될 수 없는 천민정치, 곧 폭민정치가 행해진다.

그래서 다시 가장 재능 있는 인물이 민주정치를 전복하고 새로운 국가를 건립하면서 왕국이 형성되고, 정치 형태가 다시 순환하게 된다. 아리스토텔레스는 순환하는 정치 형태 중에서 귀족주의를 가장 바람직한 것으로 보았다.

우리는 삼국 시대와 고려를 거쳐서 조선 시대에 이르기까지 왕족 정치였다. 그러다 근대에 접어들어 36년간의 치욕적인 일제 식민지와 8·15광복 그리고 현대의 6·25전쟁과 4·19혁명 및 5·18민주화운동 등을 거치면서, 민주주의를 정착시키는 데 심혈을 기울여왔다. 그 결과 오늘날 우리는 민주주의 사회에서 행복을 누리고 있으며 더 성숙한 민주주의를 확립하기 위해서 모두가 불철주야로 노력하고 있다.

진아와 선생님의 대화를 들어보자.

존 듀이
(1859~1952)
미국의 철학자, 심리학자,
교육학자. 그는 지식을 생
활에 도움이 되는 도구로
여겼으며, 학교 제도와 시
민 사회의 개혁에 큰 영향
을 끼쳤다.

"진아야, 요새는 무슨 책을 읽고 있니?"

"예, 선생님. 요새는 미국의 실용주의 철학자 듀이*의 『민주주의와 교육』이라는 책을 읽고 있어요. 실용주의 철학은 아주 쉬운 걸로 생각했는데 막상 책을 읽다 보니 전혀 그렇지 않아요. 우선 실용주의, 민주주의, 교육, 도구주의, 지성, 문제 상황 등등의 개념들이 만만치 않아요."

"사실, 쉽지 않지. 듀이는 실용주의 철학자이자 교육철학자로도 널리 알려져 있단다. 그는 인간의 지성을 일종의 도구로 봤기 때문에 자신의 철학을 도구주의라고 불렀어."

"선생님, 실용주의를 간단히 정의하면 어떤 거죠?"

"글쎄……. 실용주의란 어떤 이론의 작용이 사회적으로 유용하다면 그 이론을 참이라고 주장하는 철학 입장이라고 정의할 수 있겠구나."

"유용성을 핵심적으로 보는 입장이네요?"

"그래, 명확하게 정리했구나."

"선생님, 그런데 듀이의 도구주의는 무엇을 뜻하죠? 듀이는 자기 철학을 왜 도구주의라고 한 거예요?"

"원래 실용주의라는 말은 퍼스라는 철학자가 창안했고 그것을 철학자 윌리엄 제임스가 이어받았단다. 그 다음에 듀이가 실용주의 전통을 따르면서도 자기의 철학을 도구주의라고 주장한 거야."

"어떤 특징 때문에 그럴까요?"

"퍼스의 실용주의는 관념들을 명확하게 만들고 그 의미를 규정하는 방법이었으니까 일종의 논리학에 가까웠단다. 그런데 제임스가 사회생활에 유용한 것은 진리라고 주장하면서 미국적인 실용주의가 형성되었지. 제임스는 심지어 '신이 있다고 믿는 것이 내 사회생활에 유용하면 신이 있는 것이 진리고, 신이 없다고 믿는 것이 내게 유용하면 신이 존재하지 않는 것이 진리다'라고까지 했다는구나. 이건 좀 지나치게 실용주의적인 입장인 것 같지? 그러나 듀이는 실용주의뿐만 아니라 다윈, 헤겔 등의 영향을 받아서 인간 지성은 문화 발전을 위한 도구라고 생각하고 자기 철학을 도구주의라고 한 거지."

"그런데 선생님, 듀이가 말한 민주주의는 결국 인간의 행복을 목적으로 삼는 것인데 정확히 어떤 것인지 잘 모르겠어요. 『민주주의와 교육』에서는 성숙과 교육과 민주주의가 떨어질 수 없는 관계라고 하더라고요. 반쯤은 이해가 가는데 명쾌하게는 들어오지 않아요."

"성숙과 교육과 민주주의가 불가분의 관계라고 했지?"

"예. 대충은 감이 오는데 확실히는 잘 모르겠어요."

"진아야, 한번 잘 들어보렴. 듀이는 『탐구의 논리』라는 책을 비롯해서 네가 읽고 있는 『민주주의와 교육』 등에서, 인간의 지성과 사유는 바로 인류의 성숙을 위한 도구라고 했단다. 성숙이 뭘까? 인간의 긍정적인 가능성을 최대한 현실화하는 것, 곧 행복이 아니겠어? 성숙하기 위해서는 배우고 노력해야 하지. 그러니까 성숙을 위해서는 교육이 필수적이란다.

민주주의는 사회적 탐구와 사상에서 자유롭고 평등한 시민이 마음껏 실험 방법을 사용할 수 있는 제도야. 어떤 실험 방법이냐고? 구체적인 사회적·정치적·산업적인 문제들을 해결할 수 있는 방법이란다.

듀이에 의하면 인간은 언제나 비결정된 문제 상황을 해결해서 결정된 상황으로 만들면서 사회 문화를 진화시켜 왔단다. 문제 상황을 해결하기 위한 도구가 바로 지성이고 사유야. 그런데 듀이는 민주주의로의 교육 과정을 바로 성숙 과정이라고 했고 성숙 과정을 다름 아닌 도덕적 과정이라고 봤어."

인간은 정치적이고 윤리적이며 도덕적인 존재다. 만일 우리가 사회적 가치를 무시하고, 나아가서 민주주의라는 사회와 정치 체제를 부정한다면 결국 우리는 듀이가 말한 도덕적 과정을 무시하는 꼴이 된다. 그럴 경우 우리는 인간의 성숙은 물론이고 행복마저도 포기해야 할 것이다. 민주주의 사회는 우리 인간이 행복하게 살기 위한 가장 기본적인 조건이다.

• 생각해 볼 문제 •

. . . .

1. 상식적인 정의는 어떤 것인가? 의리와 정의는 어떻게 다른지 구체적인 예를 들어 설명해 보자.

2. 의무는 도외시하고 권리만 주장하면서 권리와 정의를 동일시하는 사람이나 집단이 있다. 이런 태도에는 어떤 문제점이 있는지 지적해 보자.

3. 플라톤은 지혜, 용기, 절제 3덕을 정의의 요소로 보았으며, 공리주의자 벤담은 '최대다수의 최대행복'을 정의의 기초로 보았다. 양자의 차이점이 어디에 있는지 지적해 보자.

4. 우리 문화의 전통은 농경문화다. 농경문화에서는 정의보다 의리가 강하다. 후기산업 사회(정보화 시대)를 살아가는 현재의 우리에게는 여전히 정의 개념이 약한데 그 이유에 대해 이야기해 보자.

5. 롤스의 사회 정의는 공정으로서의 정의다. 여기에는 두 가지 원칙이 있는데 그에 대해 각각 자세히 이야기해 보자.

6. 왕정, 전제정치, 귀족주의, 과두정치, 민주정치의 정치 체제를 각각 비교해 보자. 듀이는 민주주의에 있어서 왜 교육과 성숙을 강조했는지 이유를 설명해 보자.

7장

삶과 죽음을

어떻게

바라보아야 할까

1

생명의 고귀함을
알아야 하는 이유

다이아몬드나 금은보화가 귀하다는 것은 누구나 알고 있다. 그런데 물이나 공기도 귀하다는 사실은 잊고 살기가 쉽다. 물과 공기는 우리 인간의 삶, 곧 생명에 기여하기 때문에 소중하다. 만일 이 세상에 인간 생명체가 존재하지 않는다면 귀하다는 가치평가는 있을 수 없을 것이다. 달리 말하면 인간의 생명이 고귀하기 때문에 물이나 공기도 가치를 가질 수 있다는 말이다.

하나와 어머니의 대화를 들어보자.

"엄마는 신앙심이 깊으니까 제가 궁금해하는 것에 만족할 만한 답을 해줄 수 있을 것 같아요. 엄마, 인간의 생명이 고귀하다고 하는데 왜 그런 거예요?"

"하나야, 그건 신앙심 깊은 것과는 별로 상관이 없는 것 같구나. 인간의 생명이 고귀한 이유가 궁금한 거야, 아니면 고귀한 게 뭔지가 궁금한 거야?"

"엄마, 인간의 생명이 고귀하다는 것은 곧 인간의 생명이 비천하지 않다는 뜻일 거 아니에요? 그럼 도대체 어떤 것이 비천하다는 거죠?"

"우선, 생명 자체가 고귀하기 때문에 인간의 생명을 고귀하다고 하는 거야. 엄마는 생명이 고귀한 정도가 아니라 숭고하다고 말하고 싶구나."

"이건 제가 아직 어려서 그런지는 몰라도 사실 잘 모르겠어요. 게다가 모든 생명은 탄생과 죽음이 있잖아요. 그럼 도대체 죽음은 뭐에요? 생명이 숭고하다면 죽음은 천한 거예요? '장엄한 죽음'이라는 말이 있는 걸 보면 죽음도 역시 숭고한 거예요?"

"우선, 생명을 바라보는 관점에 대해 이야기해야 할 것 같구나. 엄마 말에 귀를 기울여보렴. 우리는 생명과 죽음을 둘로 나눠보는 소위 이분법(二分法) 관점에 익숙해 있어. 그래서 생명을 긍정적인 것으로 보고 죽음을 부정적으로 보기 쉽지. 많은 사람이 생명을 창조에, 죽음을 파멸에 대비해서 보잖니. 하지만 생명과 죽음은 넓게 보면 하나의 삶을 형성하고 있는 거란다."

"아, 갈수록 더 어려워져요. 휴, 머리가 빙빙 도는 것 같아요. 어린 제가 알아듣기 쉽게 좀 간단히 이야기해 줄 수 없어요?"

"인간을 바라보는 관점에서 가장 중요하다고 할 수 있는 생명에 관한 이야기를 어떻게 간단하게 이야기할 수 있겠니? 그럼, 가능한 한 쉽게 이야기해 보자. 우선, 낮과 밤이 있지? 우리는 낮과 밤을 구분하지만 실은 낮과 밤은 하나로 이어진 것이고 이것이 모여 하루를 형성하는 거지? 이와 같이 생명과 죽음은 좁은 의미에서 보면 서로 반대되는 것처럼 보이고 둘로 나뉘는 것 같지만 넓은 의미에서 보면 하나의 삶으로 이어지는 거야."

"그럼, 이렇게 생각해도 될까요? 옛날부터 조상들이 살다가 자손을 낳고 죽고 또 그 다음 세대가 자손을 낳고 죽고……. 이렇게 해서 엄마, 아빠와 우리 자식이 생겨났는데 이 모든 과정을 삶으로 보고 그런 삶 안에 생명과 죽음이 포함되어 있다, 이렇게?"

"역시 우리 하나구나. 하나야, 엄마가 엄청난 이야기를 해줄까? 쇼펜하우어 같은 철학자는 세계의 원리 또는 근원을 삶에 대한 의지라고 했단다. 그는 『의지와 표상으로서의 세계』라는 책에서 세계를 두 가지로 나누었단다. 하나는 '현상'이고, 또 다른 하나는 '삶에 대한 의지'지."

"저도 쇼펜하우어가 염세주의 철학자라는 것은 들어봤어요. 그런데 염세주의가 뭐예요? 그리고 그는 왜 세계를 현상과 삶에 대한 의지로 나누었어요? 세계가 두 가지라는 거예요? 엄마, 쉬워지는 듯하더니 다시 어려워졌어요."

"더 깊이 생각해 보면 그리 어려운 이야기가 아니란다. 우선, 쇼펜하우어는 삶의 의지는 맹목적이어서 혼돈과 마찬가지고 그러니까 결국 삶은 고통스러울 수밖에 없다고 했단다. 그래서 후세 사람들이 그를 염세주의 철학자라고 하기도 했지만 실은 그렇지 않아. 그는 열

반을 통해 인간이 혼돈에서 구원받을 수 있다고 했단다.

　그리고 현상과 삶에 대한 의지는 세계를 바라보는 관점에 따라서
해석되는 두 가지 세계를 말해. 다시 말해서 하나의 세계가 지성으
로 볼 때는 현상으로 나타나고 직관으로 볼 때는 삶에 대한 의지로
나타난다는 뜻이지.”

　“그럼, 어떤 게 진짜 세계라는 거예요?”

　“그거야 삶에 대한 의지지.”

　“이제 어렴풋하게나마 이해가 가는 것 같아요. 그래도 너무 어려워
요. 엄마, 생명이 왜 숭고한지도 쉽게 설명해 줘요.”

　“하나야, 이제 곧 대학에 들어가면 스피노자나 베르그송과 같은

철학자들의 책을 읽고 더 깊이 생각할 시간이 많아질 거야. 그러면 하나도 왜 생명이 숭고한지를 알게 될 거야."

"대학에 들어가면 꼭 그런 책을 다 읽고야 말 거예요. 하지만 일단은 지금 너무 궁금해서 죽겠으니까 엄마가 먼저 설명 좀 해줘요."

"스피노자는 세계는 자연이고 자연은 곧 신이라고 했어. 그런가 하면 베르그송은 쇼펜하우어와 비슷하게 지성으로 바라보는 세계는 시간과 공간적 현상이고 직관으로 공감하는 세계는 삶 자체이자 삶의 약진이라고 했어.

엄마는 스피노자와 베르그송의 사상에 전적으로 동의해. 무슨 말이냐 하면, 인간이 대상을 아는 능력은 두 가지가 있는데 하나는 지성이고 또 하나는 직관이라는 거지. 같은 대상이라도 지성은 형식적으로 파악하는 데 비해서 직관은 대상 자체를 온전하게 안다는 거야. 직관으로 우리가 아는 대상 자체는 바로 생명 자체이자 생명의 비약이야. 스피노자 식으로 말하자면 생명 자체가 자연이고 신이니, 생명은 정말 숭고할 수밖에 없잖아?"

"엄마의 설명을 들어보니 조금 이해가 되는 것도 같지만 아직은 쉽지 않네요. 저는 여전히 생명은 죽음의 반대가 되는 거고 그래서 죽음은 어둡고 천한 것이니까 생명은 고귀하다는 것으로 이해되니 말이에요."

"하나야, 다시 말할 테니 잘 들어봐. 좁은 의미에서는 생명과 죽음이 서로 다르지만 넓은 의미에서는 생명과 죽음이 하나의 삶이란다. 인간은 태어나면서 이미 죽음을 향해 가고 있는 거야. 또 우리가 죽

으면 우리에게서 태어난 새 생명이 삶을 이어가지. 그래서 생명은 고
귀하고 숭고하다는 거야."

물론 생명과 죽음이 하나의 삶이라 해도 생명은 죽음을 자각하면
서 한층 더 생명의 힘을 강하게 드러내며 죽음을 극복하려고 한다.
청소년은 생명의 상징이다. 청소년들이 생명의 고귀함을 확실히 알
때 청소년들은 온갖 불우함, 고뇌 그리고 갖가지 번뇌와 고통을 이겨
낼 수 있다.

2

인생의 발달 단계는
어떻게 나눌까

예로부터 사람이 태어나 죽기까지의 과정을 생(生), 노(老), 병(病), 사(死)라는 네 글자로 표현했다. 누구나 예외 없이 인간은 태어나고 살아가면서 나이를 먹고 병에 걸리고 결국에 가서는 죽는다. 그리고 "태어나는 데는 순서가 있지만 죽는 데는 순서가 없다"는 말도 있다. 큰 병에 걸리거나 심한 교통사고를 당해서 죽음의 문턱까지 갔던 사람들은 이 말의 의미를 절감할 것이다.

그러나 좀 더 곰곰이 생각해 보면 태어나는 것도 애초부터 순서가 정해진 것이 아니다. 수억 마리의 정자 중 특정한 정자가 선택되어 수정되는 것이며, 임신이 되었다 해도 유산되는 경우가 많은 것이며, 출산할 때도 많은 위험이 따르는 등 출생도 우리 인간이 완벽하게 모든 것을 미리 알고 조절할 수 있는 것은 아니다.

인생의 발달 단계에 대한 진아와 어머니의 대화를 들어보자.

"엄마, 많은 사람이 청소년들에게는 찬란한 미래가 있다고 하는데 저는 그 말이 이해가 안 돼요."

"진아가 이 엄마보다 앞으로 살날이 훨씬 많으니 그만큼 미래가 많은 건데, 뭐가 이해가 안 된다는 거지?"

"엄마, 제 또래의 고등학생들이 지금 어떤 상황인지 알아요?"

"글쎄……. 미래의 대학생활을 위해서 입시 공부에 전념하고 있는 거 아닌가?"

"바로 그게 문제예요. 대입 준비 외에는 아무것도 신경 쓸 수가 없잖아요."

"그래, 진아야, 너도 그렇게 생각하는구나. 그게 다 입시 위주의 교육 때문이지. 정말 잘못되어도 아주 한참 잘못되었어. 사회구성원 전체가 입시 위주의 교육을 개혁해야 한다는 의식을 갖게 되는 날이 반드시 올 거다. 그러면 청소년들도 자신들이 하고 싶은 공부며 다른 여러 활동들을 마음껏 할 수 있을 거야."

"그거야 저도 그렇게 생각해요. 그렇지만 지금 당장이 문제다 이거죠. 뭐 그거야 그렇고……. 엄마, 저도 앞으로 엄마처럼 결혼해서 애를 낳고 집안을 돌보게 될까요?"

"그건 너의 선택에 따라 달라지지 않을까? 네가 원한다면 가능하겠지. 그런데 그런 건 왜 물어보지?"

"생로병사라는 현상이 신비롭기도 하고 또 우리 인간이 벗어날 수 없는 운명인 것 같아서요. 저도 엄마처럼 나이가 들어 결혼을 하고 또 다른 생명을 낳고 그런 과정을 반복하듯 거치게 될까, 하는 생각이 들어서요. 엄마, 그런데 모든 인간에게 예외 없이 적용되는 인생의 발달 단계가 있는 것 같아요. 어떤 사람은 그 발달 단계의 초기나 중기에서 죽음을 맞게 되지만 대부분은 발달 단계를 모두 거쳐 마지막까지 이른다고 봐요. 엄마, 생로병사를 인생의 네 가지 발달 단계로 봐도 될까요?"

"진아야, 물론 그렇게 볼 수도 있단다. 인생의 발달 단계를 더 자세하게 구분할 때는 아홉 가지 단계로 보기도 한단다."

"와, 아홉 가지요? 도대체 어떤 단계로 나눠지는 거예요?"

"설명하자면 좀 길어질 텐데 괜찮겠어?"

"저는 엄마가 설명해 주는 게 제일 재미있어요."

"어째 아부처럼 들리는데?"

"엄마, 이래 봬도 저는 항상 진실만을 말한다고요. 자, 이제부터 얌전히 경청할 테니까 하나씩 자세히 설명해 줘요."

"그래 볼까? 자, 인생 발달의 아홉 단계는 이렇게 나눠져. 출생 전, 유아기, 아동 초기, 아동 후기, 청년기, 성년기, 장년기, 노년 그리고 사망. 그럼, 이제 처음 단계부터 요약해서 설명할 테니 정신 바짝 차리고 들어보렴.

출생 전 단계는 임신부터 출생하기 전까지의 단계고, 이때의 특징은 가장 단순한 신체 발달이야. 정자와 난자가 수정되어 태아가 되는 단계지. 이 단계에서는 인지도 발달하지 않고 심리성적(心理性的) 발달이나 심리사회적 발달과 도덕적 발달도 없어.

유아기 단계는 만 1세부터 6세까지야. 유아는 걷기 시작하고 기본적인 말을 하며 타인과 애착 관계를 형성하지. 감각운동이 발달하고 신뢰와 불신의 태도를 보이지만 아직 선이나 악과 같은 도덕 개념은 없어.

아동 초기 단계는 6세부터 9세까지야. 이때 아이들은 완벽하게 말을 할 줄 알고, 남녀의 성을 구분하고 집단 놀이를 할 줄 알며 학교 사회에 적응할 준비를 한단다. 아직 사물을 완벽하게 조작하지는 못하지만 간단한 조작은 가능하지. 자율성을 갖기 시작하며 순종과 처벌에 적응하는 시기지.

아동 후기는 9세부터 13세까지야. 지성 활동이 거의 어른과 같은 수준에 이르지. 이 시기의 아이들은 사물을 구체적으로 조작할 줄 알고 근면과 열등감을 구분할 줄 알아. 타인에게서 칭찬을 받는 선한 아이가 되려고 노력하는 시기란다.

다음은 진아 네가 속한 청년기(청소년기)인데 13세부터 20세까지야. 수학이나 논리학 등을 추상적이고 형식적으로 다룰 줄 알고, 자아가 무엇인지를 찾으면서 아직 방황하는 시기지. 성적으로는 신체가 완전히 성숙해지고, 도덕적으로는 법과 질서를 지키는 단계란다.

성년기는 20세에서 45세까지야. 직업 활동을 하고 결혼해서 자녀를 키우고 가정을 이끌어가지. 타인들과 친근감을 추구하고 그렇지 못할 경우 고독감을 느끼며 도덕적으로는 사회 계약을 준수하는 시기란다.

장년기는 인생의 황금기야. 이 엄마는 아직 성년기지만 네 아빠는 장년기야. 45세에서 65세까지가 장년기거든. 직업에서 전성기며 자기 평가를 하는 시기고 자식들이 혼인하는 시기며 고독을 느끼지. 이 시기에는 인간으로서 어떻게 살아야 할지 양심과 도덕의 원리에 관해 많이 생각한단다.

노년기는 65세 이상이야. 진아야, 할아버지가 지하철 경로 카드 갖고 계신 거 봤지? 노년은 가정의 단란함을 추구하고 특히 건강에 신경을 쓰면서 가족들에게 의존하는 단계야. 노인들 중에는 자신의 삶에 만족하는 사람이 있는가 하면 반대로 절망하는 사람들도 있단다.

마지막 단계는 죽음이야. 노인들은 수명이 다한 어느 날 죽든지 아니면 짧게 혹은 길게 투병 생활을 하다가 인생을 마감하게 된단다."

이상의 대화에서 알 수 있는 인생의 발달 단계는 심리학적이고 생물학적인 단계다. 우리는 여러 가지 관점에서 인생의 발달 단계를 볼 수 있다. 철학적·신학적 관점에서 볼 때 인생의 발달 단계는 우주와 하나로서 영원할 수도 있다. 그런가 하면 불교적 입장에서 보면 인생 자체가 허(虛)요, 공(空)일 수 있다. 왜냐하면 인생이란 욕망에서 생기는 것인데 욕망 자체가 처음부터 존재하는 것이 아니고 그림자처럼 우리 인간의 의식이 만들어낸 것이기 때문이다.

청소년도 나이 들기 마련이다. 그러니 아름답게 나이 들어가는 것을 배울 때 우리는 죽음을 극복할 수 있는 지혜에 조금씩 다가갈 수 있을 것이다.

3

생명의 윤리적 가치는
어디까지 허용되는가

1960년대부터 생명윤리학이라는 새로운 분야의 윤리학이 나타나서 인간의 생명과 관련된 여러 가지 문제들을 다루기 시작했다. 건강 관리와 의생명과학이 윤리적 문제들을 부각시키면서 생명윤리학이 발달하게 되었다. 최근의 생명윤리학은 환경윤리학, 직업윤리학, 광고 윤리학 등과 함께 응용윤리학의 한 분야다.

민철이와 선생님의 대화를 들어보자.

"선생님, 지난주에 말씀하신 의학윤리학과 생명윤리학의 차이에 대해 더 깊이 알고 싶어요. 수업 시간에는 너무 짧아서 잘 이해하지 못했거든요."

"민철아, 1960년대에 들어 신장투석, 체외수정, 피임약, 태아의 성감별, 낙태, 안락사, 장기이식 등에 관한 획기적 의술이 발전되었단다. 이와 함께 생명윤리에 대한 심각한 문제들이 제기되었지. 1960년 전후에는 이들 문제에서 찾을 수 있는 윤리적 해결이 오직 의사와 환자 사이에서 이뤄졌고 대부분의 경우 훌륭한 의사의 덕이 중요한 요소로 작용했단다. 이것은 바로 의학윤리학의 성격이었어. 다시 말해서 이 당시 윤리적 차원은 의사와 환자 그리고 의사와 의사 사이에서 형성되었고 그 안에서 문제 해결이 이루어졌어.

그러나 1960년대 초반 이후 신장투석, 체외수정, 낙태, 안락사 등에 관한 윤리적 문제들이 의사와 환자, 의사와 의사의 관계를 넘어 병원의 윤리위원회, 지방이나 국가의 생명윤리위원회 등에서 다뤄지기 시작하면서 생명윤리학이 발달하기 시작했단다. 일반적으로 생명윤리위원회에는 의사, 환자, 환자의 가족, 해당관리자, 윤리학자, 법학자 등이 위원이 되어서 윤리적 결정을 내린단다."

"아, 그렇군요. 생명윤리학은 의학윤리학보다 훨씬 더 포괄적이네요. 그럼, 생명윤리학의 대상에 배아복제를 포함한 줄기세포복제와 여성주의(페미니즘)도 포함되는 건가요?"

"당연하지. 민철아, 복제가 뭔지 알지? 미수정란의 핵을 체세포의 핵으로 대치해서 유전적으로 똑같은 생물을 얻는 최첨단 의생명공학의 기술이란다. 복제를 비롯해서 낙태, 안락사, 장기이식 등에는 생명윤리학이 반드시 적용되어야 한단다. 생명에 관한 윤리이론은 어디까지가 생명의 권리고 또 어디까지가 그렇지 않은지를 판단해 줄 수 있어."

"예컨대, 낙태나 안락사에 있어서는 해당 사실을 정확히 판단하는 의사가 꼭 필요하고 동시에 윤리적 전문지식을 가진 윤리학자도 반드시 있어야 한다는 거죠? 윤리전문가는 특정한 신념이나 주장에 대해 비판하고 가치평가를 할 수 있으니까요."

"그렇지. 그럼 민철아, 생명의 권리가 어떤 건지 알고 있니?"

"그건 곧 살 권리 아니에요? 제가 보기에 살 권리에는 이유나 조건이 없는 것 같아요. 생명이 고귀하니까 당연히 생명체에게는 살 권리가 있는 거 아닌가요? 인간은 특히 더 그렇고요."

"일반적으로 생명윤리학에서는 인간 유기체에게 생명의 권리가 있는 이유를 이렇게 설명한단다. 즉 유기체가 경험과 여러 가지 정신 상태의 지속적 주체로서 자아개념을 갖고 있고, 그 자체가 지속하는 한에 있어서 유기체에게는 생명에 대한 권리가 있다는 거야.

그러니까 단순한 생물학적 유기체의 지속적 존재는 생명의 권리가 있다고 할 수 없어. 즉 지속적 정신 상태의 주체로서 자기의식을 가진 유기체에게 생명의 권리가 있다는 거지."

"선생님, 어떻게 보면 수정란부터 태아까지가 다 생명인데, 낙태는 어떤 형태의 것이든 생명을 죽이는 것이니까 생명윤리학적으로 보면 낙태는 반드시 금지해야 하지 않나요?"

"민철아, 낙태 문제는 그렇게 간단하지가 않단다. 우리나라에서는 오랜 기간 수많은 이가 의도치 않은 임신으로 인한 낙태의 법적 허용을 요구해 왔단다. 그 결과로 2019년에 낙태죄가 사라지고 지금은 임신 14주까지의 낙태가 법적으로 허용된 상태지. 그리고 요새는 안락사 중에서도 존엄사라는 명칭을 붙여서 환자 및 환자 가족의 뜻을 존중해서 죽음을 맞게 하는 결정을 병원이나 법원이 내리는 경우도 있어. 이것은 생명윤리학이 많이 관여된 경우야.

낙태에 대한 견해는 보수주의자와 진보주의자로 나뉜단다. 보수주의자들에 의하면 수정란부터 인간 성인으로의 발달 단계는 연속적인 것이므로 수정란도 가능적인 정신적 생명을 가지고 있다고 보고 낙태를 금지해야 한다고 주장하지. 그러나 진보주의 심리학에서는 태아나 신생아는 정신적 자아의식이 없으므로 만일 태아, 영아, 임산부 등 각자 또는 양자에게 치명적인 질병이나 결함이 있을 경우 낙태는 윤리적으로 허용되어야 한다고 본단다. 물론 두 입장 다 생명의 권리를 존중하지만 서로 관점이 다른 거지."

"선생님, 제가 알고 있던 것보다 훨씬 더 복잡하네요. 결국 생명의 윤리적 가치는 궁극적으로 생명의 권리지요?"

"그렇지. 최근의 생명윤리학이 여러 분야에 걸쳐 매우 신중한 입장을 취하는 것만 봐도 생명의 권리가 얼마나 소중한지 알 수 있단다."

"장기이식이나 복제를 생각하면 현대 의생명과학이 엄청나게 발전했다는 걸 알 수 있어요. 하지만 한편으로는 생명의 권리를 해치고 여러 가지 사회문제를 일으키기도 하잖아요?"

"그러니까 더욱더 생명윤리학이 필요하고 따라서 여러 형태의 생명윤리학회들이 생길 수밖에 없지."

이 세상에서 생명의 권리만큼 소중한 권리도 없을 것이다. 특히 청소년들은 비약하는 생명을 소유하고 있으므로 생명의 권리를 마음 껏 누릴 수 있다. 그런데 만일 청소년들에게 냉철한 자기의식과 비판 정신이 없다면 청소년들 역시 올바른 생명의 권리를 행사하지 못하고 자신의 권리에 해로운 행동을 할 우려가 있다.

4
육체적 건강과
정신적 건강

석주와 아버지의 죽음에 관한 대화를 들어보자.

"아버지, 할아버지께서 연세가 많으셔서 그런지 요새는 말씀도 자꾸 바꾸시고 거의 누워만 계시네요."

"그렇구나, 석주야. 생로병사라는 말을 아빠도 요즘 뼈저리게 느끼고 있단다. 네 할아버지가 벌써 아흔 중반이시구나. 병원에 모시고 갈 때마다 의사 선생님들은 노환이니까 통증이 있을 때만 병원에 와서 응급처치하고 잘 간호해 드리라는 것밖엔 별말 못하더구나. 작년만 해도 식사를 잘하시더니 최근 들어서는 식사도 통 못하시고 거동도 힘들어 하시는구나. 할아버지의 임종을 서서히 준비해야 할 것 같단다."

"할아버지한테 무슨 특별한 질환이라도 있는 거예요?"

"병원에선 그저 노환이래. 사람마다 차이가 있지만 네 할아버지는 아흔이 넘으신 이후로 모든 신체 기능이 서서히 약화되어서 지금은 제대로 작용하지 못하고 있다는구나."

"그래도 더 건강하시고 더 오래 사셨으면 좋겠는데……. 할아버지께서 우리를 얼마나 위해주시고 사랑해 주셨는데……. 어린 시절의 할아버지 모습이 아직도 생생해요."

"누가 아니라니. 그러니 인생이 허무하다는 생각이 드는구나."

"그래서 제가 요즘 더 철학책에 손이 가나 봐요. 실존주의 철학자 키르케고르가 쓴『죽음에 이르는 병』이라는 책의 해설서를 좀 읽어 봤어요. 그래서 죽음에도 의학적 의미의 죽음이 아닌 철학적 또는 종교적 죽음이 있을 수 있다는 걸 알았어요. 그리고 병도 육체의 병이 아닌 정신적인 병 그리고 종교적인 병이 있다는 것도 알게 되었어요."

"우리 석주가 그런 책을 읽을 생각을 다 하다니 정말 신통하구나. 앞으로 할아버지가 의학적 그리고 신체적으로 돌아가시더라도 우리 마음속에는 영원한 생명으로 살아 계실 거야. 어쩌면 생각하기에 따라서는 삶과 죽음이 하나인지도 모르겠구나."

"아버지는 키르케고르의 『죽음에 이르는 병』이라는 책을 읽어보셨어요?"

"그래, 읽어봤지. 꽤 오래전이구나. 한 20년은 된 것 같단다."

"의학적 병은 심해지면 육체가 소멸되는 것이지만, 철학적이고 종교적인 병은 심해지면 정신이 소멸되는 건가요?"

"그렇게 말할 수 있지. 키르케고르는 실존주의 철학자로 알려져 있어. 그는 독일의 베를린에서 철학 공부도 잠시 했지만, 원래는 덴마크에서 신학을 전공하고 기독교 목사가 되었단다. 그가 남긴 많은 책들은 한편으로는 기독교를 전도하기 위한 것이고 또 한편으로는 기독교 철학이자 실존주의 철학의 성격을 띠고 있지.

키르케고르가 말한 '죽음에 이르는 병'은 종교적인 의미의 병이지 의학적 의미의 질병은 아니란다. 보통 심한 병에 걸리면 죽는 것처럼 기독교의 입장에서 볼 때도 정신과 영혼이 구원받지 못하고 죽어버리는 병이 있다는 거지."

"기독교의 입장에서 그런 병은 이단 종교나 다른 종교, 미신을 믿는 거 아닌가요? 기독교 이외의 다른 종교에 대한 신앙을 죽음에 이르는 병이라고 단정해서 말하는 것은 다른 종교를 지나치게 무시하고 비난하는 태도가 아닐까요? 실존주의 철학자라기에는 너무 편파적이고 독단적이네요."

"석주는 그렇게 생각하니?"

"그럼요. 어떻게 달리 생각할 수 있겠어요?"

"철학이라는 것 자체가 그렇게 간단하지가 않단다. 한편으로 키르케고르가 목사니까 분명히 기독교 신앙 이외의 신앙을 인정하지 않는 독단적인 면이 있는 건 사실이야. 그러나 다른 한편으로는 키르케고르가 실존주의 철학자로서 실존의 비약을 통해서 인간의 구원이 가능하다고 역설한 것은 독단적이라고 보기가 힘들구나."

"실존의 비약이란 또 무슨 뜻이에요?"

"키르케고르의 실존주의 철학은 비약의 철학이라고도 한단다."

"아버지, 그의 철학이 왜 비약의 철학인지부터 설명해 주세요."

"그래, 그것부터 이야기해 보자. 키르케고르는 독일의 관념론자 헤겔의 변증법이 양적 변증법이라고 보았단다. 반면, 자신의 변증법은 질적 변증법이라고 했단다."

"점점 더 꼬이네요. 변증법은 또 뭐고 양적 변증법과 질적 변증법은 또 뭐예요?"

"석주야, 좀 느긋하게 참고 들어보렴. 변증법은 운동의 존재 논리란다. 수학적으로 사고하는 형식 논리학의 입장에서 보면 씨앗과 싹, 줄기, 꽃 등은 서로 따로 분리되어 있어. 그러나 변증법이라는 운동의 존재 논리의 입장에서 보면 씨앗은 싹이 되고 싹은 다시 줄기로 그리고 줄기는 다시 잎과 꽃으로 되면서 하나의 식물을 형성하지.

이 식물을 변증법적으로 보면 씨앗은 씨앗이 아닌 싹을 스스로 대립시킨 다음에 통일하고, 줄기는 가지와 잎을 대립시켰다가 다시 통일해서 결국 완성된 씨앗으로 새롭게 되돌아간단다. 이것이 바로 헤겔의 변증법이야.

키르케고르는 이 헤겔의 변증법에는 질적 비약이 없다고 지적했단다. 무슨 말이냐 하면, 키르케고르에 의하면 실존에는 미적 실존, 윤리적 실존, 종교적 실존이 있는데, 헤겔의 변증법대로 하면 미적 실존에서 그대로 윤리적 실존으로 그리고 종교적 실존으로 발전해야 하는데 그것은 양적인 것으로서는 불가능하다는 거야. 왜냐하면 미적 실존의 향락 상태에서 이것이냐 저것이냐의 결단, 곧 비약을 통해서만 윤리적 실존으로 이행할 수 있고, 다시금 결단에 의해서만 종교적 실존으로 질적 이행이 가능하기 때문이란다. 그래서 키르케고르는 자신의 변증법을 질적 변증법이라고 한 거야."

정신과 영혼이 구원받지 못하고 죽어버리게 되는 병에 걸리지 않기 위해 우리는 키르케고르가 주장한 미적 실존, 윤리적 실존, 종교적 실존을 고민해 볼 필요가 있다. 키르케고르가 말한 '죽음에 이르는 병'은 간단히 말해서 전지전능한 존재인 하느님에 대한 의심이다. 무릇 종교에 있어서는 확고한 신앙이 종교적 구원에 이르는 건강이며 의심은 정신적 생명을 파괴하는 질병이다.

요즘 현대인들은 정신적으로 죽음에 이르는 병에 쉽게 걸리는 경향이 있다. 상대적 박탈감을 느끼거나 일상이 고달프고 지칠 때 대부분의 사람은 나약해지면서 우울감을 느끼거나 정신적으로 피폐해지기도 한다. 더욱이 한창 성장하는 청소년들은 매우 예민한 시기에 놓여 있기 때문에 감정의 열정에 들뜨기 쉽다. 이때 판단력이 쉽게 흐려지게 된다. 그렇게 감정에 휘말리고 정신적으로 약해지는 것 역시 질병으로 볼 수 있다. 따라서 청소년들에게는 육체적 건강과 아울러 정신적 건강이 필요하다.

5
삶과 죽음은
하나다

어떤 철학자는 죽음은 무(無)라 했고 또 어떤 사상가는 삶과 죽음 그리고 열반*은 서로 다른 것이 아니라고 했다. 일상인들은 죽음을 생명의 반대 개념으로 생각하며 질병의 종말로 여긴다. 죽음은 두려움의 대상이고 어두운 것이고 모든 것의 부정이라고 여기므로 대부분의 사람은 가능하면 죽음에서 도피하려고 한다. 노래 가사에도 사랑의 기쁨이라든가 생명의 찬가는 자주 등장해도 죽음이라는 말은 거의 언급되지 않는다.

심리생물학적 의미에서 보자면 우리는 태어난 후 성장하는 동시에 죽어가고 있다. 인간의 신체는 20세까지 왕성하게 발달하고 성장한다. 그러나 20세부터 눈에 띄지 않을 정도로 노화가 시작된다. 65세

열반
완전한 정신의 평안함을 말한다. 불교에서 최고의 이상향인 완성된 깨달음의 세계가 열반이다.

이전까지는 노화가 서서히 진행되다가 65세 노년기 이후부터는 신체와 정신의 노화가 급격히 진행된다. 아주 간단하게 보면 인생의 단계는 수정란이나 태아 단계부터 사체(死體) 단계까지다.

어떤 사람이 살다가 죽었다고 하자. 그가 결혼해서 자식들을 남겼다면 그의 생명은 자식들을 통해 연속된다. 자식들을 못 남겼고 형제들만 있다면 그의 생명은 형제들을 통해 연속된다. 형제도 자식도 없다면 아버지나 할아버지 또는 그 이상의 조상으로 올라가서 그와 다른 혈통으로 남은 사람들을 통해 그의 생명은 연속된다.

여기에서도 사태를 바라보는 관점이 중요하다. 좁은 의미의 삶은 죽음과 대립된다. 그러나 넓은 의미의 삶은 죽음과 하나이며 자신 속에 죽음이 포함되어 있다.

다음의 이야기들에 귀를 기울여보자.

"삶과 죽음을 구분하는 게 무슨 의미가 있겠어? 이미 제정 러시아 시절에도 시베리아에 죄수들을 가두는 수용소가 있었어. 일단 그곳에 들어가면 인간으로서의 삶은 끝장난 거야. 그곳에서 인간은 짐승보다도 못한 삶을 살았으니 오죽하면 죽는 게 사는 것보다 낫다며 자살하는 이들이 많았다지.

독일 나치 치하의 아우슈비츠 포로수용소 사진이나 기록을 읽어보면 정말이지 소름이 끼쳐. 지옥이 따로 없다니까. 포로들의 생명은 더 이상 생명이 아니고 죽음 그 자체야. 수백만에 달하는 유대인들을 무자비하게 독가스실로 몰아넣어 죽인 나치는 생명의 고귀함이라고는 눈곱만큼이라도 생각했었는지 의심이 간다니까."

"그래도 나는 삶과 죽음은 엄연히 구분된다고 봐. 물론 근본적으로 보면 우주 자체는 하나의 힘이겠지만 그 힘은 이중적이야. 하나는 모든 것을 생성하게 하는 삶의 힘이고, 다른 하나는 모든 것을 소멸하게 하는 죽음의 힘이지.

삶과 죽음의 의미와 가치를 생각하는 존재는 다름 아닌 인간이야. 인간 이외의 식물과 동물은 말 그대로 자연(自然), 즉 스스로 그러한 존재야. 식물과 동물 들에게는 삶과 죽음도 그저 자연일 뿐이지. 인간은 자기성찰을 하고 의식이 있기 때문에 삶과 죽음을 엄숙한 문제로 받아들이는 거야. 인간은 인간답게 살기 위해 삶과 죽음의 의미와 가치를 묻는 거지. 삶과 죽음의 의미와 가치를 생각하지 않고 오로지 본능적 욕망에만 충실한 인간은 문화와는 단절된 인간인 거야."

이제 민철이와 선생님의 대화를 들어보자.

"선생님, 통일신라 시대의 고승 원효대사*는 인생을 삶·죽음 그리고 열반, 이 두 가지로 보았대요. 그런데 이 두 가지는 서로 다른 것이 아니래요. 원효대사는 현실의 삶과 죽음을 하나로 보았고, 깨달음의 상태인 열반을 다른 하나로 보았어요. 이 두 가지를 서로 다른 것이 아닌 하나라고 한 것인데, 도대체 무슨 뜻인지 잘 모르겠어요."

"민철아, 아직은 그 말을 이해하기가 쉽지 않은 게 당연해."

원효
(617~686)
신라의 승려. 화쟁사상과 다양하고 파격적인 실험으로 불교의 대중화에 힘썼다. 동아시아에서 가장 많은 저술을 남긴 승려로 유명하다.

"선생님께서 쉽게 설명해 주시면 이해해 볼게요."

"삶과 죽음은 현실적인 것들이지? 모든 동식물, 곧 유기체들은 살려고 하는 본능적인 충동 또는 힘을 가지고 있어. 이 힘이 약해지면 끝내는 생물학적인 죽음을 맞게 되지. 이런 삶과 죽음의 현실이 충동적 욕망에서 생긴다는 것을 알고 결국 욕망이라는 씨앗은 헛되고 공허하다는 깨달음을 얻은 상태가 열반이란다. 물론 열반에 대해서는 여러 가지 설명들이 있겠지만 내가 이해하는 열반은 그런 거야."

"선생님, 죽는 것도 열반이라는 말을 어디선가 들었어요. 그런데 선생님께서는 삶과 죽음을 뛰어넘는 것이 열반이라고 방금 말씀하셨는데, 죽음이 열반이라는 말과는 좀 다르잖아요."

"어떻게 설명해야 할까? 음…… 그러니까 불교에서는 생물학적인 죽음도 열반이라고 하고 그것과는 질적으로 다른 종교적 깨달음의 상태도 열반이라고 한단다. 원효가 생사(生死)와 열반(涅槃)이 서로 다르지 않고 하나라고 했을 때의 열반은 깨달음을 말한 거야. 그런데 삶과 죽음의 현실과 열반이라는 절대적인 깨달음이 왜 하나일까? 이건 참 설명하기 힘든 거란다. 하지만 잘 들어보렴.

삶과 죽음의 현실세계에 갇혀서 보면 생사와 열반은 분명히 서로 다른 거야. 그러나 절대적 깨달음인 열반의 경지에서 보면 생사와 열반은 하나인 거지. 예를 들어볼까?

네가 가을 단풍이 무르익은 설악산 대청봉에 올라가서 사방을 둘러본다고 해보자. 그러면 너와 설악산이 하나로 느껴질 거야. 설악산에 도착하기 전까지 너는 너와 설악산을 구분하고 서로 다른 것으로

여기겠지. 그렇지만 막상 대청봉에 올라서서 설악산과 동해안을 보는 순간, 너는 네 자신과 자연이 하나라는 것을 체험하게 될 거라는 말이다."

"정말 그렇군요. 그럼 원효대사가 생사와 열반이 서로 다르지 않고 하나라고 말한 것은 일종의 직관적 공감이라고 해도 될까요?"

"아주 잘 지적했다. 민철이 너도 이제는 심오한 인생관에 점점 접근하는 것 같으니 네가 자랑스럽구나."

좁은 의미의 삶과 죽음은 서로 구분되지만, 넓은 의미에서 삶과 죽음은 무한한 생명 과정의 연속이다. 인간은 태어나면서부터 생명과 죽음을 함께 가지고 있기 때문에 때로는 건강하다가도 크고 작은 질병으로 신음하기 마련이다. 인간은 자기 안의 죽음의 그림자를 미리 깨닫기 때문에 더 가치 있는 삶을 계획할 수 있다. 죽음은 삶의 종식이지만 동시에 한층 더 강하고 창조적으로 만들 수 있는 삶의 씨앗이기도 하다.

• 생각해 볼 문제 •

. . . .

1. 생명은 왜 고귀한가? 쇼펜하우어, 스피노자, 베르그송 같은 철학자들의 생명에 관한 이론은 어떤 것인지 이야기해 보자.

2. 인간은 누구나 예외 없이 태어나서 살다가 죽는다. 심리학적이고 생리학 적인 인생의 발달 단계를 설명해 보자. 그리고 철학적 및 종교적 차원에 서 인생의 뜻을 설명해 보자.

3. 1960년대부터 신장투석, 체외수정, 피임약, 태아 성감별, 낙태, 안락사, 장 기이식 등에 관한 의생명과학 기술이 획기적으로 발달했다. 동시에 생명 윤리학도 발달했는데 생명윤리학은 어떤 문제를 다루는지 자세히 이야 기해 보자.

4. 실존주의 철학자이자 목사인 키르케고르는 『죽음에 이르는 병』이라는 책을 썼는데, 여기에서 말하는 죽음과 병은 생물학적인 죽음 및 병과 어 떻게 다른가?

5. 통일신라 시대의 고승 원효대사는 생사와 열반은 서로 다르지 않고 하나 라고 했다. 이 말과 연관해서 삶과 죽음의 뜻을 생각해 보자.

청소년을 위한 세계관 에세이

초판 1쇄 2021년 12월 24일
초판 2쇄 2022년 11월 5일

지은이 | 강영계
펴낸이 | 송영석

주간 | 이혜진
기획편집 | 박신애 · 최예은 · 조아혜
외서기획편집 | 정혜경 · 송하린
디자인 | 박윤정 · 유보람
마케팅 | 김유종 · 한승민
관리 | 송우석 · 전지연 · 채경민

펴낸곳 | (株)해냄출판사
등록번호 | 제10-229호
등록일자 | 1988년 5월 11일(설립일자 | 1983년 6월 24일)

04042 서울시 마포구 잔다리로 30 해냄빌딩 5 · 6층
대표전화 | 326-1600 **팩스** | 326-1624
홈페이지 | www.hainaim.com

ISBN 979-11-6714-015-9